中國學術思想 研究輯刊

九 編

林 慶 彰 主編

第 9 冊

《象傳》與儒道思想的比較研究

劉 昌 佳 著

花木蘭文化出版社

國家圖書館出版品預行編目資料

《象傳》與儒道思想的比較研究／劉昌佳 著 ── 初版 ── 台北縣

永和市：花木蘭文化出版社，2010〔民 99〕

目 4+172 面；19×26 公分

（中國學術思想研究輯刊 九編；第 9 冊）

ISBN：978-986-254-273-6（精裝）

1. 易經　2. 儒學　3. 比較研究

121.17　　　　　　　　　　　　　　　　　99014265

ISBN - 978-986-254-273-6

9 789862 542736

中國學術思想研究輯刊

九 編 第九 冊　　　　　　　ISBN：978-986-254-273-6

《象傳》與儒道思想的比較研究

作　　者　劉昌佳

主　　編　林慶彰

總 編 輯　杜潔祥

出　　版　花木蘭文化出版社

發 行 所　花木蘭文化出版社

發 行 人　高小娟

聯絡地址　台北縣永和市中正路五九五號七樓之三

　　　　　電話：02-2923-1455／傳眞：02-2923-1452

網　　址　http://www.huamulan.tw 信箱 sut81518@ms59.hinet.net

印　　刷　普羅文化出版廣告事業

封面設計　劉開工作室

初　　版　2010 年 9 月

定　　價　九編 20 冊（精裝）新台幣 33,000 元　　　　版權所有‧請勿翻印

《象傳》與儒道思想的比較研究

劉昌佳　著

作者簡介

劉昌佳，國立彰化師範大學文學博士，現任國立高雄師範大學國文系助理教授，授課課程有中國哲學史、經典教學研究、治學方法及論文寫作指導、韓非子、古籍導讀、中國文化經典與生活等。此書之外，另著有《理學方法論》（出版中）及〈《維摩詰經》的圓頓法門——從無住本立一切法〉、〈郭店儒簡的自然人性論及其所涵蘊的價值〉、〈戴震《孟子字義疏證》詮釋上的問題及其所涵蘊的價值〉、〈莊子的語言層次論與道〉、〈從《壇經》看王維詩文的禪學思維〉等多篇論文。

提　　要

　　從西漢到清末的學者，都認為《彖傳》作者是孔子，所以其思想自然是屬於儒學。民國以後開始有學者懷疑其作者，亦有學者提出其思想屬性問題，另有學者就經傳之間的關係，提出究係「以傳解經」或應「經傳分觀」的問題。本文運用思想比較的方法，以釐清《彖傳》思想，並同時解決上述諸問題。

　　本文以《彖傳》與先秦儒道代表作品作思想的比較，其中儒家以《論語》、《郭店楚簡》和《孟子》為比較基礎，道家以《老子》、《黃帝四經》和《莊子》為基礎，論證過程以思想作品為緯，以形上思想、倫理思想和政治思想為經，作主題式相對的分析、比較。

　　經由分析、比較，本文得出：《彖傳》不論是形上思想、倫理思想或是政治思想，都重視它們的根源義，所主張的都是站在天道運行的規律進行論述；再者，則是強調上述思想的必然性，對於人事的判斷準則不在於人心的自覺而在於天道。《彖傳》這樣的核心思想正是稷下黃老學派所主張，由此推知：《彖傳》的思想是來自稷下黃老學派。

目次

第一章　緒　論

一、研究動機

　　《周易》向來被視爲六經之首，中國哲學的總源頭。其重要性，從歷代解《易》的數量及作者的地位即可見其端倪。在解《易》的著作中，《易傳》的著作年代一般都認定在戰國中到秦、漢之間。以時間來論，算是最早的解《經》之作。從西漢到清末的二千多年間，幾乎所有的學者都認定《傳》是釋《經》之文。民國以後的學者，有一系是承襲舊說，對於《經》與《傳》的關係是從「以傳解經」的觀點進行闡述；另有一系的學者則認爲《經》與《傳》的著作年代差距有六百年以上之久，其時代背景更是迥然不同，故其所呈顯的時代意義當然有別，因此持應該「經傳分觀」的觀點。〔註1〕

　　如果沒有《易傳》的解釋與闡發，則《易經》可說幾乎同於天書，無人可窺其堂奧，從「發生意義」來看，《傳》的確是用以解《經》。就其發展的過程來說，《易經》本是先民卜筮之書，是先民長期以來占筮所得之「象」或「數」，經由掌太卜之官所詮釋而得。而且，在每一卦、爻之下所繫之辭，又往往非是一時一人一事占卜所得，所以，如果離開其占筮的背景而想去理解《易經》，那麼其所理解的，則只是後人對它的詮釋而已，其所詮釋與其原意之間可能有甚大的差距。當然，詮釋本身亦是一種創作，尤其在孔子「述而不作」的態度之後，泰半學者亦不敢以創作問世，而是將其思想寄寓在經傳

〔註1〕　楊慶中，〈本世紀易學研究中「經傳分觀」與「以傳解經」〉，朱伯崑主編，《國際易學研究》（北京：華夏出版社，1999年），第5輯，頁10～24。

的注疏之中。抑或後代學者其原意只是在注疏經傳，並無意於創作，然而由於其個人的思想及整個時代的思潮環境影響下，其所注疏也必然非全是原作之意，必也在隱微之間反應出其個人的思想及時代的思潮。

在《易傳》中，一般認定成書於戰國後期，年代界於孟、荀之間的《象傳》成書最早，可以說是第一本解《經》之作，〔註2〕其重要性與代表性自是不言而喻。近來一些學者認為：《象傳》的思想內容，是受到道家思想的影響。如：（1）李鏡池曾說：「《象傳》作者並不是純粹的儒家，……幾近「無為主義」的道家思想。——總之，他多多少少是受過道家影響的。」、「《象傳》在《易傳》裡，最有代表性的作品，他綜合了陰陽家的陰陽說所發展出來的剛柔說，道家的宇宙觀，和儒家的政治思想、行為修養思想來說解《周易》。」〔註3〕（2）朱伯崑所說：「《易傳》解經……，儒家的倫理觀念，道家和陰陽五行家的天道觀，成了《易傳》解易的指導思想。」、「總之，《彖》、《象》的爻位說，是以儒家倫理觀念為中心，並吸收道家和陰陽家的思想而提出的。」〔註4〕（3）陳鼓應更是主張說：「《象傳》主要是受到了以老子和莊子為代表的道家思想的深刻影響。」〔註5〕、「《易傳》是道家系統的作品，而非古今學者所說的「儒家之作」。」〔註6〕（4）李澤厚也曾說：「《易傳》接著荀子，吸收了《老子》「道」的思想，從外在歷史眼界建立起天人相通的世界觀。」、「《中庸》與《易傳》的共同處在於對道家世界觀的吸收改進。」〔註7〕

以上學者的說法，是否恰當？《象傳》是否以儒家的倫理觀念、政治思想為中心，並吸收道家的天道觀以解《經》？甚或《象傳》是否應屬道家系統之作？抑或根本就屬於儒家之言？本文擬以形上思想、倫理思想與政治思想為主軸，就《象傳》與儒、道相關的思想作分析、比較，以確定其間思想的分際。

〔註2〕 通行本《易傳》中，一般認定以《象傳》為最早，而近來出土的帛書《易傳》，張立文說：「帛書《繫辭》、《二三子》、《易之義》等六篇亦是成書於秦漢之前而流傳於漢的傳本，而非漢時人所作之《易傳》。」〈帛書《易傳》的時代和人文精神〉，朱伯崑主編，《國際易學研究》（北京：華夏出版社，1995年），第1輯，頁73。對於帛書《易傳》的年代，各派學者說法不一，本文不作討論。

〔註3〕 李鏡池，《周易探源》（北京：中華書局，1991年），頁310、339。

〔註4〕 朱伯崑，《易學哲學史》（北京：華夏出版社，1995年），頁55、62。

〔註5〕 陳鼓應，〈《象傳》與老莊〉，《老莊新論》（上海：上海古籍出版社，1997年），頁244。

〔註6〕 陳鼓應，《易傳與道家思想》（臺北：臺灣商務印書館，1994年），〈序文〉，頁3。

〔註7〕 李澤厚，《中國古代思想史論》（臺北：三民書局，1996年），頁134、135。

二、研究範圍

　　班固《漢書・藝文志・諸子略》認爲先秦諸子都是出於王官，不論其說是否眞確，就歷史發展的角度而言，在西周時期，諸侯列國尙未兼併之前，所有的學術的確都是由貴族所掌握，加上殷人尙鬼，凡事必先占筮以預測吉凶，所以，「祀」列爲「國之大事」二者之一。〔註 8〕《易經》一般已公認爲殷周之際的作品，而這時尙鬼之風仍盛，所以在貴族中舉凡大小諸事都必先經由占筮以定行止的取捨，也因此，《易經》可以說是「上古巫史文化之百科總匯」，〔註 9〕其筮辭的範圍，本文參照李鏡池和唐明邦的分析、統計，共有以下十七類：〔註 10〕

　　（1）自然現象和自然變化的規律性。如：「履霜，堅冰至。」（〈坤・初六〉）、「密雲不雨，自我西郊。」（〈小過・六五〉）

　　（2）歷史故事。如：王亥「喪牛於易」（〈旅・上九〉）、「喪羊於易」（〈大壯・六五〉）

　　（3）古代詩歌。如：「明夷于飛，垂其翼；君子於行，三日不食。」（〈明夷・初九〉）、「鳴鶴在陰，其子和之。我有好爵，吾與爾靡之。」（〈中孚・九二〉）

　　（4）哲理格言。如：「無平不陂，無往不復。」（〈泰・九三〉）、「三人行則損一人，一人行則得其友。」（〈損・六三〉）

　　（5）倫理道德。如：「不恆其德，或承之羞。」（〈恒・九三〉）、「不事王侯，高尙其事。」（〈蠱・上九〉）

　　（6）行旅，包括往、旅、商旅、涉川、賓見、遷徙等，不下 200 條。如「旅即次，懷其資，得童僕。」（〈旅・六三〉）、「大車以載，有攸往。」（〈大有・九二〉）

　　（7）戰爭，不下 8、90 條。如：「高宗伐鬼方，三年克之。」（〈既濟・上九〉）、「長子帥師，弟子輿師。」（〈師・六五〉）

　　（8）享祭，有 20 條。如：「王用享於帝」（〈益・六二〉）、「王用享於岐

〔註 8〕　《左傳・宣公 13 年》：「國之大事，在祀與戎」，《十三經注疏・左傳正義》（臺北：藝文印書館，1982 年），卷 27，頁 10。

〔註 9〕　唐明邦，〈試論《周易》經傳文化內涵之時代差異〉，朱伯崑主編，《國際易學研究》，第 5 輯，頁 2～5。

〔註 10〕　（1）李鏡池，〈周易筮辭考〉，《周易探源》，頁 20～71。（2）唐明邦，〈試論《周易》經傳文化內涵之時代差異〉，頁 3～5。

山」（升・六四）

（9）飲食，有 30 多條。如：「有孚于飲酒」（〈未濟・上九〉）

（10）漁獵，19 條。如：「即鹿無虞」（〈屯・六三〉）、「田獲三狐」（〈解・
　　　九二〉）

（11）畜牧，17 條。如：「畜牝牛，吉。」（〈離〉卦辭）

（12）農業，不少條，但不明顯，未統計。如：「不耕，穫；不菑，畬。」
　　　（〈無妄・六二〉）

（13）婚媾，18 條。如：「歸妹以娣」（〈歸妹・初九〉）、「老婦得其士夫」
　　　（〈大過・九五〉）

（14）居處及家庭生活，20 餘條。如：「樽酒，簋貳，用缶」（〈習坎・六
　　　四〉）、「以杞包瓜」（〈姤・九五〉）

（15）婦女孕育，3 條。如：「婦三歲不孕」（〈漸・九五〉）

（16）疾病，7 條。如：「介疾有喜」（〈兌・九四〉）

（17）賞罰訟獄，10 餘條。如：「荷校滅耳」（〈噬嗑・上九〉）

上述各類，可說已經包羅了殷周之際所有的政治、文化、社會、生活、思想各方面的記載。而《易傳》基本上是解《易經》之作，就《象傳》而言，絕大部分的文字是依於《經》文而作解釋。然而《經》文有 64 則卦辭、384 則爻辭，所以能涵蓋周初的政經社會各方面的內容，而《象傳》則只解卦辭，只有 64 則，其內容遠少於《經》文，在經過高亨「字字徵實，句句在理」的考證「傳解」之下，《象傳》之意與《易經》之意其間的關係約可分成四類：（1）「與經義同」，約 186 條。（2）「餘與經義同」，105 條。（3）「傳解卦辭與經義同」、「其餘字與經義同」、「字義與經義同而文異」，約 20 條。（4）不明言「傳解」與「經義」同否，約 133 條。〔註11〕根據高亨的分類及統計，《象傳》義有一大部分是同於經義的。同於經義的部分，很難說是《象傳》特有的思想。所以，雖然《易經》有 17 類內容，本文並不就此作探討，而只揀擇在春秋、戰國時期較為諸子所重視的倫理、形上、政治三方面的各類命題，以《象傳》文字為中心，進行論述。

《象傳》成書於孟子之後，荀子 50 歲之前的戰國後期，其思想除了可能受到孔、孟、老、莊等後代認定的儒、道二家代表人物與思想影響之外，更

〔註11〕分類與統計數字係根據楊慶中，〈本世紀易學研究中「經傳分觀」與「以傳解
　　　經」〉，頁 21。

有可能受到當時盛行的稷下黃老學派的影響，目前出土的《黃帝四經》，可說是稷下的代表作。另外，在 1993 年出土的《郭店楚墓竹簡》，其成書年代也在《孟子》成書之前，其中含有當時儒、道二家豐富的文獻及思想，所以本文亦將二者列爲比較的範圍。

三、研究方法

（一）考證法

本文第二章關於《象傳》作者及著作年代的問題，以考證的方式進行。從西漢到清末的學者，幾乎都認定《象傳》是孔子所作，沒有異論；到了民國以後，一些學者分別從思想系統、文字體裁及孔子授課的情形，對於《象傳》的作者，提出質疑，論證其非孔子所作。本文採其中論證有據者，條列整理，然後作綜合性的論述。

《象傳》若非孔子所作，那麼作者是何人？本文亦就先前學者的觀點，條列整理，然後綜論其中何者爲是。

若作者無法確定是何人，那麼，本文至少必須對其著作年代作一明確的界定，然後才能以當時相關的代表著作作思想的比較。關於著作年代，本文亦就先前學者的看法作分類，然後依據學者的觀點，分別從傳承問題、文獻問題、思想的發展及押韻的韻腳作辨證，藉以確定其年代問題。

（二）訓詁法

本文第二章關於「象」的名、義的訓釋，以訓詁的方式進行。首先根據大量的甲骨文，找出「象」在文字學上的本字及其本義，然後再區別其在《繫辭》和《象傳》中的不同含義，最後再就「象」字的字義孳乳作一總述及圖示。

（三）比較研究法

本文第三章到第五章關於形上思想、倫理思想及政治思想，是採以《象傳》爲中心，分別與同時代相關的儒、道思想，用比較的方式進行研究。如若《象傳》的年代斷在戰國中晚期，以現代而言，則對當時思想有影響的著作，儒家以孔、孟爲主，道家以老、莊爲要；以現今出土當時的文獻言之，則有《郭店楚簡》和代表當時稷下學派之著作——《黃帝四經》，因此，本文即以這六本著作與《象傳》作比較，藉以確認其中思想的發展及其傾向。

本文在這三大思想主軸之下，共選定了比較重要的十三個子題作爲比較

的論題，如若作全面對等的比較，則將會有九十一個小節，內容恐將過於龐雜、繁複。因此，在比較過程中只能揀擇與該子題較有直接論述且具有明顯同異特色的各家加以比較，如此，則必然會牽涉到選項的問題與不對等比較的質疑。然而，如若就儒、道二家的基本精神言之：儒家重視「道德」，道家重在「自然」。如若透過選項內容的表述，能夠突顯此一基本核心思想，或不背離此核心思想，或許在選項上有所輕重，也應不失其為有效性的論述。此外，各家思想皆有其重心，若非其思想重心，卻以對等的型態呈現，反而會陷入不對等的實質。

在比較的過程中，應作直接相對的論述，較能明顯呈現其間思想的異同或是淵源或是對立等關係。但此方式，若僅就少數子題作比較，則頗能得出其間的關係；然而若就幾個大主題，其中有眾多的小子題與可能相關的著作而言，如若一一對應論述，那麼其中心著作將會作反覆的贅述。如此的論述，雖能在較細微的思惟上直接作出比較，然而以整篇而言，恐會有眾樹林立之感。因此，本篇論文不採如是的方式，而是先將中心著作——《象傳》，作思想的分析，然後再分別就相關且其間可能會有淵源，或明顯的同異關係的著作，作個別的論述，而後再以子題為中心作一綜合性的比較。本文為了較能掌握各家的核心思想，因此採如是之論述，這樣的方式雖然不是一種很好的方式，但是在宏觀與微觀之間，就本文擬欲在兩大思想派別之中界定《象傳》的思想淵源及其傾向。對應本論文，這樣的方式或許更能顯現其間思想的大方針。

（四）論證法

1. 設定前提

由於本文的研究前提牽涉到《傳》義與《經》義間的關係，大部分的學者都主張《傳》義即是《經》義，少部分學者則主張應該「經傳分觀」。如若《傳》義即是《經》義，那麼本文的題目則應改為「《周易》與儒道思想之比較研究——以《象傳》為中心」；如若《象傳》義可以非《經》義，那麼以《象傳》為研究中心始能成立。在《經》義與《傳》義間尚未釐清其關係之前，實無法直接以《象傳》為獨立的著作作比較研究。因此，本文在研究之初，先設定所引的《象傳》文字為《象傳》特有的思想，而非《易經》原始的涵義，然後進行論述。所以，本文在引《傳》文之前先引《經》文，其中《經》義，先以高亨所著《周易大傳今注》或張立文所著《周易帛書今注今譯》之

說爲解，暫時設定《象傳》義非《經》義。

（2）進行論證

本文的論證方式分作：橫式論證與縱式論證。

橫式論證：本文擬透過春秋、戰國時期儒、道重要的思想命題，以《象傳》爲中心，加以分析、探討，並與儒、道的代表思想——孔、孟、老、莊、《郭店楚簡》和《黃帝四經》作比較。因爲每個思想家的核心思想及其論述重心都會有所不同，所以，本文在論述時，只揀擇與該命題有直接論述而且具有特色的各家加以比較。

縱式論證：在橫式論證的比較中，可以得出單一命題在《象傳》與各家間的同異。然而單一的「小同」或「小異」，是不能證明什麼的，「小同異」之現象是必然存在於任何事物之間的，更何況是思想家？許多的「小同」或「小異」累積起來也並沒有什麼特別的意義，也不能證明什麼，這裡不是「量」的問題。如何才是儒？如何應歸爲道？唯有在眾多的「小同異」中提煉出其所以爲儒、爲道的精神，依此作爲判準，才能證明一個思想家其思想的傾向，因此必須作縱式的論證，這裡所要論述的是「質」的問題——中心思想。由於中心思想是須要眾多的論點去提煉的，而凝煉出的核心思想也須要眾多的論點去支撐，所以，本文設定了十三個思想命題作橫式的論證，作爲縱式論證的基本架構。

（3）作出結論

經過橫式的鋪排與縱式的貫串，從眾多的小結論中，經由系統性的整理，最後作出統一性的全面判斷，〔註 12〕這個結論必須能夠闡述本文所有的論點。當然，這樣的總結，也只能是一個「設準」。因爲我們很難，也可以說根本不可能精準地完全展現他人的思惟，在「作者→語言、文字→讀者」的過程之中，本來就無法完全傳遞，所以，在詮釋的過程中，也不可能是「眞實的」重現。因此，本文所得的結語，只能說是在對論題經過研究過程之後，經由縱線與橫線交切而成所得到的一個剖面，只是在整全之中一個平面的呈

〔註12〕勞思光：「整個哲學史的功能，則在於描述人類智慧之發展。內在的心靈境界，外在的文化成果，都要統攝於此。所以，我們可以說：哲學史既具有如此的任務，則它必須滿足以下三個條件：第一是、事實紀述的眞實性，第二是、理論闡述的系統性，第三是、全面判斷的統一性。」《中國哲學史》（香港：香港中文大學崇基學院，1980），卷 1，〈序言〉，頁 15。

現，所以說是「設準」。

（4）餘　論

對於本文的前提設定，根據橫式論證與縱式論證所得之《象傳》核心思想及其理論依據，再回頭論證是否可能爲《易經》原本之內涵？如若是，那麼《象傳》之義即可能是《經》文之義，那麼本文標題就須改爲「《周易》與儒道思想之比較研究——以《象傳》爲中心」，《周易》與《象傳》是大標題與小標題的關係；如若不是，那麼本文所引之《傳》文之義即非《經》文之義，即《象傳》的中心思想有別於《易經》，那麼《象傳》即可作爲獨立的研究標的。同時，本文也提供了「經傳分觀」之理論依據，這是本文在設定主題研究之餘所得到的附加結果。

第二章 《彖傳》作者、著作年代及名、義的考辨

本章透過文獻、思想用語、思想和語詞的發展以及押韻的韻腳，分別加以考辨，確認《彖傳》的成書年代應是在孟子之後，荀子50歲之前的戰國後期，作者應是楚地的儒者。其次，透過大量的甲骨文字，論證「彑」就是「彖」，而「彖」即是「豕」的本字，都是像野豬之形，因其利牙能斷物，引申有論斷之義，就如《彖》能論斷卦辭之義一般，因此用作書名。

第一節 作者的考辨

《彖傳》的作者，自西漢以來，一向都認定是孔子所作。《史記·孔子世家》說：「孔子晚而喜《易》，序《彖》、《繫》、《象》、《說卦》、《文言》，讀《易》韋編三絕，曰：『假我數年，若是，我於《易》則彬彬矣。』」文中，司馬遷認定《傳》是孔子所撰寫。西漢末年出現的緯書，稱孔子「嘆訖而後息志，停讀禮、止史削，五十究易，作十翼。」〔註1〕一樣認定《易傳》十篇都是孔子之作。班固《漢書·藝文志》、《漢書·揚雄傳》、《隋書·經籍志》也採司

〔註1〕 「十翼」之說，始於《易緯·乾坤鑿度》，緯書出現於西漢哀帝、平帝之際，故所謂「十翼」之說，大概是產生在此時或是稍早之前。西漢中葉以前，未有文獻記載有「十翼」之說。《易緯·乾坤鑿度》說：「仲尼，魯人。生不知易本，偶筮其命，得旅，請益於商瞿氏。曰：『子有聖智而無位。』孔子泣曰：『天也！命也！鳳鳥不來，河無圖至，嗚呼！天命之也！』嘆訖而後息志，停讀禮、止史削，五十究易作十翼明也。」《景印文淵閣四庫全書》（臺北：臺灣商務印書館，1986年），冊53，卷下，頁838～839。

馬遷之說。到了唐朝，陸德明《經典釋文》也稱孔子作「十翼」。《易傳》是
孔子所作之說，到此幾乎已經爲學者所認定，所以孔穎達在《周易正義》「論
夫子十翼」時，說：「其《彖》、《象》等「十翼」之辭，以爲孔子所作，先儒
更無異論。」〔註2〕

到了宋代，歐陽修〈易童子問〉首先提出懷疑，認爲《繫辭》、《文言》、《說
卦》、《雜卦》等傳的內容，眾說淆亂，非孔子所作，亦非一人之言。〔註3〕然
而對於《彖》、《象》二傳，仍然相信爲孔子所作，不敢妄加批評。南宋時，葉
適《習學記言》也襲用歐陽修之說，亦稱《彖》、《象》爲孔子之作，無庸置疑。
〔註4〕清代學者的著作中，如：崔述《洙泗考信錄》、康有爲《新學僞經考》、
梁啓超《古書眞僞及其年代》等，除了崔氏認定《象》是曾子以後的人所作，
其餘大多認同《彖》、《象》是孔子之作。

到了民國以來的一些學者，如：馮友蘭、錢穆、李鏡池、戴君仁、高亨、
黃沛榮等，甚至連日本學者戶田豐三郎，都紛紛從各個角度提出論辯，證明
《繫辭》、《說卦》以下的《易傳》非孔子所作，另外，也論證了《彖》、《象》
同樣非孔子之作。以上學者的論點，主要有以下幾點：

1、從《論語》中孔子對天的觀念與《象傳》裡的天作比較，可以發現：
《論語》中所謂的「天」，是有意志的人格神，是一「主宰的天」；而《象傳》
中的「天」，則是一種宇宙力量，沒有人格神的意味，是一個「自然的天」，
或是「義理之天」。〔註5〕

〔註2〕 〔唐〕孔穎達，《周易正義》，《十三經注疏》，〈序〉，頁11。

〔註3〕 〔宋〕歐陽修說：「童子問曰：《繫辭》非聖人之作乎？曰：何獨《繫辭》焉，
《文言》、《說卦》而下，皆非聖人之作；而眾說淆亂，亦非一人之言也。」《歐
陽文忠公全集》，《四部備要》（臺北：臺灣中華書局，1965年），卷78，〈易
童子問〉，第3，頁1。

〔註4〕 〔宋〕葉適說：「然《論語》既爲群弟子分別君子小人無所不盡，而《易》之
《象》爲君子設者五十又四焉，其詞意勁屬，截然著明，正與《論語》相出
入，然後信《彖》、《象》、《繫辭》爲孔氏作，無疑。至所謂上下《繫》、《文
言》、《序卦》，文義重複，淺深失中，與《彖》、《象》、《繫辭》異，而亦附之
孔氏者，妄也。」《習學記言》，《景印文淵閣四庫全書》，冊849，卷3，〈上、
下經總論〉，頁348～349。

〔註5〕 （1）馮友蘭，《中國哲學史》（臺北：臺灣商務印書館，1993年），冊上，頁
82。（2）錢穆，〈論十翼非孔子作〉，黃沛榮編，《易學論著選集》（臺北：長
安出版社，1988年），頁385～386。（3）戴璉璋，《易傳之形成及其思想》（臺
北：文津出版社，1989年），頁6。

2、《論語》中所謂的「道」，都是通過人事來說明，孔子將它附屬於人類行為所當遵守的一種價值品詞，是一行為的原則或是至善的準據，是歸納一切合法的行為而成的一種抽象的意思。如：「君子之道」、「父之道」、「志於道」等；而《象傳》的「道」則直接從宇宙論講起，抽繹了人事的行為理法，屬於一種抽象思維，甚至包括天地之間的各種異象，故稱「乾道」、「坤道」、「天道」或者「變化之道」等。〔註6〕

3、對於「鬼神」的觀念：《論語》中的鬼神也是有意志、有人格的，都有宗教色彩，是祭祀的對象。所以說：「非其鬼而祭之，諂也」、「祭神如神在」、「未能事人，焉能事鬼」等。〔註7〕而《象傳》中的鬼神一則保留了人格神的意涵，如：「聖人以神道設教」，另外，則又表示是天地造化的跡象，人們可以通過修德的工夫，與鬼神相知相感，如：「觀天之神道而四時不忒」、「鬼神害盈而福謙」等。〔註8〕

4、傳統的說法，引《論語‧述而》：「加我數年，五十以學易，可以無大過矣。」及《論語‧子路》：「子曰：南人有言曰：人而無恆，不可以作巫醫。善夫！『不恆其德，或承之羞』，子曰：不占而已矣。」證明孔子學《易》和贊《易》。然而，〈述而〉的文句，根據陸德明《經典釋文》記載，《魯論》作：「五十以學，亦可以無大過矣。」今本乃鄭玄從《古論》讀「亦」作「易」。「學易」的句讀雖有異讀，然而，毛奇齡《論語稽求篇》、惠棟《論語古義》、陳鱣《論語古訓》等，都斷「五十以學」為句；近人以錢穆《先秦諸子繫年考辨》為首，贊同《魯論》的人漸漸多了起來。因此，要依〈述而〉的文句說孔子贊《易》，實大有問題。〔註9〕

5、再者，也不能根據《論語‧子路》的文句說孔子作《易傳》。因為根據《論語》中，孔子授讀的情形：

　　（1）子曰：詩三百，一言以蔽之，曰「思無邪」。（〈為政〉）

　　（2）子曰：關雎，樂而不淫，哀而不傷。（〈八佾〉）

〔註6〕　（1）錢穆，〈論十翼非孔子作〉，頁385。（2）戴璉璋，《易傳之形成及其思想》，頁8～9。

〔註7〕　錢穆，〈論十翼非孔子作〉，頁386。

〔註8〕　（1）朱伯崑，《易學哲學史》，卷1，頁95～97。（2）戴璉璋，《易傳之形成及其思想》，頁7。

〔註9〕　日‧户田豐三郎作，劉文獻譯，〈周易《象》、《繫》二傳的形成〉，《書目季刊》，第5卷，第4期（1971年6月）：70。

（3）子所雅言：詩、書、執禮，皆雅言也。（〈述而〉）

（4）子曰：興於詩，立於禮，成於樂。（〈泰伯〉）

（5）子曰：頌詩三百，授之以政，不達。使於四方，不能專對；雖多，亦奚以為？（〈子路〉）

（6）「不學詩，無以言！」……「不學禮，無以立！」（〈季氏〉）

（7）子曰：詩可以興、可以觀、可以群、可以怨。邇之事父，遠之事君，多識於鳥獸草木之名。（〈季氏〉）

由上可見：孔子平日教弟子，只以《詩》、《書》、《禮》、《樂》，並沒有提到《易》，加上孔子自己也說：「述而不作，信而好古」。《史記‧孔子世家》歷述了孔子與詩、書、禮、樂之交涉，之後說：「孔子以詩、書、禮、樂教，弟子蓋三千焉。」可見孔子未以《易》教人。因此，說孔子作《易傳》，是無法成立的。〔註10〕

6、論語中的文句屬於散文形式，而《象》除了解釋卦辭之外，有一個特色：就是押韻。〔註11〕兩者的創作風格，迥然不同。

以上的種種論證，不論是從思想系統，或是文字體裁，或是孔子的授課內容，民國以來的學者大都從《論語》的思想、言論和《彖》、《象》等十翼作比較，幾乎可以確定：《易傳》非孔子所作。〔註12〕

〔註10〕李鏡池，《周易探源》，頁299。

〔註11〕（1）戴君仁，《談易》（臺北：臺灣開明書店，1976年），頁27〜28。（2）日‧戶田豐三郎作，劉文獻譯，〈周易《象》、《繫》二傳的形成〉全文都在論證《象》和《繫辭》形式上的特色就是押韻。（3）高亨，《周易大傳今注》（山東：齊魯書社，1998年），頁10。

〔註12〕（1）朱伯崑說：「近人同樣認為十翼非孔子所作，幾乎成為定論。並且認為《易傳》各篇非出於一時一人之手，乃戰國以來陸續形成的解易作品。」《易學哲學史》，卷1，頁42。

（2）就目前出土的帛書《易傳》：《繫辭》、《二三子問》、《易之義》、《要》、《繆和》、《昭力》等六篇而言，各篇都稱引孔子之說，如：《二三子問》係孔子與二三子的對話，《繫辭》和《易之義》其中用「子曰」，《要》篇記孔子與子貢、二三子之事，而《繆和》、《昭力》則記先生和繆和、昭力等人論《易》時屢稱孔子。就此而論，帛書《易傳》應是孔門弟子及其後學之作。所以，廖名春認為帛書《易傳》應是孔子弟子保留下來的孔子說《易》的遺教，但是對於孔子《易》說和一般傳《易》經師的《易》說，帛書《易傳》是很注意區別的。《二三子問》雖然是孔子《易》說的遺教，但它寫成時，已受了戰國黃老思想的影響。《帛書易傳初探》（臺北：文史哲出版社，1998年），頁6。就此而言，孔子晚年有可能說《易》，然而《論語》的編寫弟子及其再傳弟子曾子、有若等一系，並未有此記錄。而帛書《易傳》的成書年代，根據張立文

　　至於《易傳》的作者是何人？《易傳》中的《象傳》是誰所作？民國以來的學者也多有提出各自的看法。本文僅就《象傳》作研究，其他《易傳》的作者，本文暫不處理。關於《象傳》作者的說法，大致上可分成以下三類：

1、子思子後學：日·戶田豐三郎根據《象傳》、《繫辭》二傳的立場和《中庸》相表裏，其理一致，也許就是子思子後學採納《周易》而加以儒家解釋的。〔註13〕

2、馯臂子弘：高亨根據《史記·仲尼弟子列傳》所說：「孔子傳《易》於瞿，瞿傳楚人馯臂子弘，弘傳江東人矯子庸疵。」《漢書·儒林傳》中「子弘」作「子弓」、「矯疵」作「橋庇」。《史記索隱》及《正義》均謂「馯臂子弘」即《荀子》書中的「子弓」。另外根據《象傳》大多是韻語，其韻字與南方詩歌如《楚辭》中之屈宋賦及《老》、《莊》書中的韻語之界畔相合，因此，推測《象傳》可能是楚人馯臂子弘所作，而《象傳》可能是矯疵所作。〔註14〕

3、齊魯間儒家者流，〔註15〕曾、孟七十子之後。〔註16〕

　　以上，除了高亨具體提出推測：是楚人馯臂子弘所作以外，其餘學者或是贊同高亨之說，或是採比較寬鬆的看法，大多界定是戰國到秦漢之間，齊魯間儒家者流所作，本文認為高亨對於《象傳》的用韻和楚地的《楚辭》與《老》、《莊》書中的韻語界畔相合的論證具體可信。然而就年代方面，則加以修正，推論《象傳》作者是戰國後期的楚國儒者所作。

的考證已經是戰國初期、中期或是晚期，距離孔子年代甚遠，其中時代思想之發展亦甚為迅速，而且當時說《易》應甚為發達，亦不限於儒學一派，所以張立文說：「帛書《易傳》和現行《易傳》是屬於不同系統。」〈帛書《易傳》的時代和人文精神〉，《國際易學研究》，第1輯，頁80。本文僅就《象傳》作研究，對於帛書《易傳》可能是孔子遺教之說，附此說明。

〔註13〕日·戶田豐三郎作，劉文獻譯，〈周易《象》、《繫》二傳的形成〉，頁70～71。

〔註14〕（1）高亨，《周易大傳今注》，頁6。（2）朱伯崑認同高亨之說。《易學哲學史》，頁43。（3）戴璉璋也認同高亨之說，認為《象傳》的作者是戰國後期的南方儒者。《易傳之形成及其思想》，頁13。

〔註15〕（1）馮友蘭說：「十翼大概是戰國末以至秦漢之際儒家的人的作品」〈易傳的哲學思想〉，黃壽祺、張善文編，《周易研究論文集》（北京：北京師範大學出版社，1990年），第3輯，頁70。（2）李鏡池說：「《易傳》所說，只能代表戰國、秦、漢間的經師儒生的思想。」《周易探源》，〈序〉，頁2。

〔註16〕王開府，〈周易經傳著作問題初探〉，《周易研究論文集》，第1輯，頁455～466。

第二節　著作年代的考辨

關於《象傳》的著作年代，根據近人的研究，本文歸納成以下幾種看法：

（一）主張成書於戰國前期

持此說的學者有高亨、劉大鈞。〔註 17〕高亨推論《象傳》必在《象傳》之前，而《禮記‧深衣》引用《象傳》之言，〈深衣〉是戰國儒家所撰，加上《象傳》中多有韻語，韻腳多類《老》、《莊》書中的韻語，〔註 18〕再根據《史記》所記，佐之以《漢書‧儒林傳》、《史記索隱》、《史記正義》、《荀子》，證明《象傳》作者是孔子的再傳弟子——戰國（西元前 481～221）前期的楚人馯臂子弘。〔註 19〕

（二）主張成書於戰國後期

持戰國後期說的學者有馮友蘭、〔註 20〕戴君仁、〔註 21〕張岱年、〔註 22〕余敦康、〔註 23〕任繼愈、〔註 24〕朱伯崑、李漢三、徐志銳。〔註 25〕朱伯崑根據思想的發展，以及術語、概念和命題的繼承關係，推論《象傳》形成的年代在戰國後期，界於孟子（西元前 390～305）和荀子（西元前 336～238）〔註 26〕之間。〔註 27〕李漢三根據對先秦兩漢的陰陽五行學說的考證結果，

〔註 17〕劉大鈞，〈易大傳著作年代再考〉，《周易研究論文集》，第 1 輯，頁 474～479。

〔註 18〕日‧戶田豐三郎說：「眞耕通韻甚至可說是象傳押韻的一個特色，這或可當作象繫兩傳跟洪範和荀子、老子等相接近的時代成立的一個證據」〈周易《象》、《繫》二傳的形成〉，頁 72。

〔註 19〕高亨，《周易大傳今注》，頁 6。

〔註 20〕馮友蘭說：「在晉朝的時候，從魏安釐王墓裡發現《周易》，並有一篇類似《說卦》。可見，像《十翼》這一類的著作，在戰國末期就已經有了。」〈易傳的哲學思想〉，頁 71。

〔註 21〕戴君仁依據《象傳》的文體、押韻、思想及對後世的影響情形，推斷《象傳》作於荀子稍早的南方儒者。《談易》，頁 26～30。

〔註 22〕張岱年說：「《象傳》應在荀子之前。……總之，《易大傳》的基本部分是戰國中期至戰國晚期的著作。」〈論易大傳的著作年代與哲學思想〉，《周易研究論文集》，第 1 輯，頁 411～417。

〔註 23〕余敦康，〈從《易經》到《易傳》〉，《周易研究論文集》，第 3 輯，頁 115。

〔註 24〕任繼愈說：「《易傳》成書於戰國末年，約與荀子同時或者稍後。」《中國哲學發展史‧先秦》（北京：人民出版社，1998 年），頁 666。

〔註 25〕徐志銳說：「《周易大傳》成書於戰國末期，是一部哲學著作。」《周易大傳新注》（山東：齊魯書社，1988 年），〈序〉，頁 1。

〔註 26〕荀子生卒年，根據李滌生，《荀子集釋》（臺北：臺灣學生書局，1981 年），頁 683～689。

發現：不但《詩》、《書》、《易》、《儀禮》、《論語》沒有陰陽說，即使下至《墨經》、《孟子》、《老子》、《孫子》、《吳子》、《司馬法》等書，仍然沒有陰陽學說，以及《荀子・大略》中的文句乃本諸《象傳》，作成結論：《象傳》的著成時代，當在《孟子》、《老子》書同時而稍後，約在戰國中葉的末期（西元前 288～221）。〔註 28〕

（三）主張成書於秦漢之間

持此說的學者有：王開府、〔註 29〕蒙傳銘、黃慶萱。〔註 30〕蒙傳銘根據漢初文獻：《新語》、《新書》、《韓詩外傳》、《禮記》、《淮南子》、《春秋繁露》、《史記》、《漢書》等所引《易經》、《易傳》之文，論定《象傳》之成篇，必在史遷之前，疑在文景之際也。〔註 31〕

關於《易傳》形成的年代，是一個懸而未決的問題。〔註 32〕本文擬根據眾學者之說，就思想、用詞、傳承及文獻各方面，分別加以探究《象傳》的著成年代。

一、傳承問題

高亨根據《史記・仲尼弟子列傳》所說：「孔子傳《易》於瞿，瞿傳楚人馯臂子弘，弘傳江東人矯子庸疵。」及《漢書・儒林傳》中「子弘」作「子弓」，而《史記索隱》及《正義》均謂「馯臂子弘」即《荀子》書中的「子弓」。由此，論定《象傳》可能是楚人馯臂子弘所作。

《史記・仲尼弟子列傳》的傳承記載說：「孔子傳《易》於瞿，瞿傳楚人馯臂子弘，弘傳江東人矯子庸疵，疵傳燕人周子家豎，豎傳淳于人光子乘羽，羽傳齊人田子莊何，何傳東武人王子中同，同傳菑川人楊何，何元朔中以治《易》爲漢中大夫。」對此傳承，本文有以下幾點質疑：

〔註 27〕朱伯崑，《易學哲學史》，卷 1，頁 42～46。
〔註 28〕李漢三，〈周易十翼異時分成考〉，《淡江學報》，8（1969 年）：86。
〔註 29〕王開府，〈周易經傳著作問題初探〉，《周易研究論文集》，第 1 輯，頁 455～466。
〔註 30〕黃慶萱說：「《象傳》應是文、景時授易師編定，而《荀子》等，正是所據之資料。」〈十翼成篇考〉，山東大學，中國周易學會主辦，《周易研究》，4（1994 年）：3～4。
〔註 31〕蒙傳銘〈周易成書年代考〉，《周易研究論文集》，第 1 輯，頁 378～389。
〔註 32〕（1）朱伯崑，《易學哲學史》，第 1 卷，頁 42。（2）李鏡池說：「沈尹默說得好：『此等問題，本無法解決，但不妨大家猜上一猜耳。』（見郭氏〈周易構成時代〉）」〈周易構成之時代〉，《周易探源》，頁 130。

1、孔子言性與天道，子貢尚且不得與聞，況且孔門四科十哲，高弟何其多，何以單單商瞿得以傳《易》？此說應是根據《易緯・乾坤鑿度》中所言：「仲尼，魯人。生不知易本，偶筮其命，得旅，請益於商瞿氏。曰：『子有聖智而無位。』孔子泣曰：『天也！命也！鳳鳥不來，河無圖至，嗚呼！天命之也！』嘆訖而後息志，停讀禮、止史削，五十究易作十翼明也。」〔註33〕此說是漢人讖緯、符錄附會之說，不足據以為證。

2、在《論語》全書中，均不見有商瞿之名，如果孔子傳《易》給商瞿，那麼在弟子及再傳弟子的《論語》語錄中，何以連商瞿之名，都無一提及？

3、在《史記・儒林列傳》中，列述《詩》、《書》、《禮》、《易》、《春秋》等七家經師，除了《易》的師承追溯到孔子之外，其餘六家都不言所受之師承。就《論語》觀之，孔子特別重視《詩》、《書》、《禮》、《樂》，何以漢初治《詩》、《書》、《禮》、《樂》之經師師承，沒有追溯到孔子？

4、據《史記・仲尼弟子列傳》及《史記・儒林列傳》所載：商瞿受《易》於孔子，傳六世到齊人田何。案：商瞿少孔子（西元前551～479）29歲，生於魯昭公19年（西元前523），到漢高祖9年（西元前198）遷徙齊田氏到關中，〔註34〕共計327年。327年之中傳到第六世，扣掉商瞿少孔子 29 歲，那麼在其他師弟之間平均年紀都相去有六十歲之多。如此算來，授師在教授時，年紀都必須超過七十以上，而弟子則都必須十歲就受業，傳承如此重要的經書，如此的傳承，實在是不可信。〔註35〕

綜上所論，《史記》的《易》學傳承，實無法令人置信。所以，高亨持論《象傳》為駔臂子弘所作，成書於戰國前期之說，則有待商榷。

〔註33〕《易緯・乾坤鑿度》，《景印文淵閣四庫全書》，冊 53，卷下，頁 838～839。

〔註34〕《資治通鑑卷 12・漢記四・高帝 9 年》：「劉敬從匈奴來，因言：『……今陛下雖都關中，實少民，東有六國之強族，……臣願陛下徙六國後及豪傑、名家居關中，無事可以備胡，諸侯有變，亦足率以東伐，此強本弱末之術也。』上曰：『善！』十一月，徙齊、楚大族昭氏、屈氏、景氏、懷氏、田氏五族及豪傑於關中，與利田、宅，凡十餘萬口。」（臺北：洪氏出版社，1980 年），頁 383。

〔註35〕〔清〕崔適，《史記探源》（北京：中華書局，1986 年），頁 217。

二、就文獻而論

　　就漢初文獻徵引《易經》、《易傳》的情形而言，因此論定《象傳》的成篇必在史遷之前，當然無疑；接著以只有《韓詩外傳》有徵引《象傳》之外，其餘皆無的理由，就懷疑《象傳》是成書在文、景之際，則恐怕有待斟酌。又有學者以「秦皇焚書坑儒，《易》以卜筮存書，儒者即附儒家思想於其上」而推論：《象傳》的創作年代，「當在秦、漢之間」。〔註36〕《易》以卜筮書而存，可以說是因，也可以說是果。就學者的文意，似乎是說：秦朝的儒學思想依附在易學著作之上而得以存書，當然是沒有異論。至於《象傳》的成書時代，則不能依此論定。

　　另外，在先秦時，和《象傳》有關的典籍，只有《荀子》一書，最直接的是〈大略〉所說的「《易》之〈咸〉，見夫婦。夫婦之道，不可不正也，君臣父子之本也。咸，感也。以高下下，以男下女，柔上而剛下。」和《象·咸》「咸，感也。柔上而剛下，二氣感應以相與，止而說，男下女。」有關。朱伯崑說：「〈大略〉對咸卦的解釋，與《象》所說，大同小異。不同者，〈大略〉無『二氣感應以相與，止而說』，而代之以『以高下下』，用來說明『柔上而剛下』，荀文比傳文簡省，看來，乃《象》文的節錄。」〔註37〕另外又說：「此段解釋，不僅主取象說，又講剛柔說，認為八卦卦象，又各具有剛柔的性質。以剛柔解易見於《象》，……而荀子則以陰陽為哲學範疇，說明事物的變化。如《禮論》：『天地合而萬物生，陰陽接而變化起。』這是受了戰國時代的陰陽說或以陰陽說解易的影響。」〔註38〕胡自逢也認為〈大略〉是「節引咸象傳之文」。〔註39〕此中《荀子》對〈咸卦〉的解釋，和《象傳》所說的，二者之間大同小異。荀子對萬物生成的宇宙論沒有興趣，所以《象傳》中「二氣感應以相與」一語，荀子略而不談；對於卦體說——「止而說」，也不談，其餘則由男女之相感所呈顯的夫婦之道，應是「以高下下，以男下女，柔上而剛下」，其中「以男下女，柔上而剛下」純是引用《象傳》的文字，荀子再補充說明「以高下下」。由此可知：《荀子》是看到《象傳》的文字，其對〈咸卦〉之解釋贊同於《象傳》，所以，〈大略〉的這段話幾乎是全引自《象傳》

〔註36〕王開府，〈周易經傳著作問題初探〉，《周易研究論文集》，第1輯，頁462。
〔註37〕朱伯崑，《易學哲學史》，第1卷，頁43。
〔註38〕朱伯崑，《易學哲學史》，頁39～40。
〔註39〕胡自逢，《先秦諸子易說通考》（臺北：文史哲出版社，1980年），頁13。

的文字，由此可論定：《彖傳》的成書必在荀子之前。〔註40〕

三、就思想而論

（一）時中說

《彖傳》解釋筮法的一個重要原則是「時中」，認為一卦六爻，二、五爻居於下、上卦的中位，在一般情況之下，中爻往往是吉。所以，常常以「正中也」、「尚中正也」、「剛中而志行」、「中正而應」等解釋吉辭；另外又認為六爻所處的情況，因時而變，所以把因時而行視為美德，比如說「應乎天而時行」、「隨時之義大矣哉」、「與時偕行」等。由此可見：《彖傳》推崇「時中」，〔註41〕認為人應該要因時而行中道。

儒家從孔子開始就推崇中道，然而孔子沒有崇尚「時」的觀念。推崇「時」說，開始於孟子。孟子讚揚孔子說：「孔子，聖之時者也。」（《孟子·萬章下》）因為孔子「可以仕則仕、可以止則止、可以久則久、可以速則速。」（《孟子·公孫丑上》）。另外又說：「子莫執中，執中為近之。執中無權，猶執一也。所惡執一者，為其賊道也，舉一廢百也。」（《孟子·盡心上》）可見孟子認為如果只守著中道而不知通權達變，不會因應時勢的變化而有所變通，反而是殘賊了「道」。由此可見，孟子之推崇「時中」義，已經很明確，但是尚未提出「時中」的語辭。思想發展的必然性，必定是先提出概念，然後才會有明確語辭的提出，由此可推論：《彖傳》的成書必在孟子之後。〔註42〕

（二）革命說

《彖·革》：「天地革而四時成。湯武革命，順乎天而應乎人。革之時，大矣哉！」此中認為政權猶如四時的交替，是天地運行規律的必然性。「湯武革命」既是必然的規律，即是合乎天道；既是合乎天道，也必是順應人心。這裡不從君臣的政治倫理說，而是從天道的規律說，也就是從天道的高度承

〔註40〕持此說的學者，尚有：（1）張岱年，〈論易大傳的著作年代與哲學思想〉，頁417。（2）馮友蘭，〈易傳的哲學思想〉，頁70。（3）戴君仁，《談易》，頁26～30。（4）李漢三，〈周易十翼異時分成考〉，頁86。

〔註41〕胡自逢，〈周易彖傳研究〉，林尹等著，《易經論文集》（臺北：黎明文化事業公司，1981年），頁291～292。

〔註42〕（1）朱伯崑，《易學哲學史》，第1卷，頁44～45。（2）賴美惠，《彖傳時義研究》（國立中山大學中文所碩士論文，1993年），頁53～55。（3）日·戶田豐三郎，〈周易《彖》、《繫》二傳的形成〉，頁65。

認政權交替的合理性。

在儒家的思想系統中，首先承認湯武取得政權的合理性的是孟子。孟子將政權轉移的合理性建立在人心上說，如若深得民心，則天即賦與其天命，《孟子·盡心下》說：「得乎丘民而爲天子」；如若失去民心，則亦將失其天下，《孟子·離婁上》說：「桀紂之失天下也，失其民也；失其民者，失其心也。」所以，所以當齊宣王問孟子說：「湯放桀，武王伐紂，有諸？」、「臣弒其君，可乎？」（《孟子·梁惠王下》）時，孟子說桀紂之君，殘暴無道，已經失去民心，因而稱之爲「一夫」，不再是擁有「天命」的國君。此中孟子即是將「天命」落在人心上說。

如果《彖傳》成書在孟子之前，那麼當齊宣王問湯武革命，違反君臣綱常倫理時，孟子應是舉《彖·革》的文字以爲證，而不是說「賊仁者謂之賊，賊義者之殘。殘賊之人，謂之一夫。聞誅一夫紂矣，未聞弒其君也。」可見孟子已經有政權的得失，取決於民心之向背；已經將殘暴之君視爲失去天命，不再視之爲國君，這種推翻傳統綱常倫理的觀念，然而尚未提出「革命」這樣明確的語辭，等到《彖傳》時，承襲了孟子的觀念，才提出「革命」說。大抵思想的發展，必是先有觀念的萌發，然後才會有確切語辭的提出。所以，對於「革命」思想的合理性，大多學者都認定是由孟子所提出，而非是《彖傳》所獨創。由此，本文可以論定：《彖傳》的成書，必是在孟子之後。〔註43〕

（三）陰陽說

《彖傳》中使用陰陽解釋萬物生成的宇宙觀，如：《彖·咸》「二氣感應以相與」、「天地感而萬物化生」；《彖·姤》「天地相遇，品物咸章也」；《彖·泰》「則是天地交而萬物通也」、「內陽而外陰」等，都是主張藉由天地之間的陰陽二氣和合交感以化生萬物。〔註44〕

〔註43〕 （1）朱伯崑，《易學哲學史》，第1卷，頁45。（2）周振甫說：「《彖傳》于《革》云：『湯武革命，順乎天而應乎人。』『湯武革命』之說起於戰國，見於《孟子》，則《彖傳》非孔子所作，直是孟子以後之人所爲。」《周易譯注》（北京：中華書局，1999年），頁16。（3）王開府，〈周易經傳著作問題初探〉，《易經論文集》，頁406～410。（4）李鏡池，《周易探源》，頁133、309。

〔註44〕 （1）胡自逢說：「曰『二氣感應以相與』，及明言陰陽二氣之相與；天地陰陽交感之實，傳於益卦，一言以蔽之，曰『天施地生』，藉使天無所施，地何由生？」〈周易彖傳研究〉，《易經論文集》，頁288。（2）徐志銳就「二氣感應以相與」解釋說：「天地陰陽二氣相感相應。」《周易大傳新注》，頁201；就「天地感而萬物化生」解釋說：「『天地感』，即陰陽二氣交感。由於天地陰陽二氣互相交感，萬物才能變化而生成。」頁202。

在儒學系統中，不僅《論語》中沒有陰陽的觀念，到了戰國中期的孟子，也同樣沒有陰陽的觀念。與孟子同期的莊子，雖然已有陰陽觀念的萌芽，如《莊子・田子方》所說「至陰肅肅，至陽赫赫；肅肅出乎天，赫赫發乎地」，此中陰、陽分別代表天地之氣，尚未連成一個語詞。〔註45〕到了《荀子》，才以陰陽為哲學範疇，說明事物的變化。如《荀子・禮論》：「天地合而萬物生，陰陽接而變化起，性偽合而天下治。」、《荀子・天論》：「是天地之變，陰陽之化。」然而此中的「陰陽」，實質上是與「天地」同義，而非指陰陽二氣。

由上可知：《彖傳》作者必是在孟子之後。其中的陰陽觀念，應是和莊子後學互相影響，是戰國後期的時代產物。而荀子則主張「不求知天」，所以也沒有陰陽的觀念。也因此，在《荀子・大略》引用《象・咸》時，對於其中「二氣感應以相與」一句，則略而不談，可見荀子對天道觀是沒有興趣的。然而，在《荀子》中出現的「陰陽」語詞，卻可作為時代的證物：到了荀子時期，「陰陽」觀念已經普遍流行，也因此，在《荀子》對天道觀沒有興趣的情況之下，仍自然地使用了「陰陽」這個詞語。由此，也可證明《彖傳》的成書應在《荀子》之前。〔註46〕

（四）性命說

《彖・乾》：「大哉乾元，萬物資始，乃統天。雲行雨施，品物流形。大明終始，六位時成，時乘六龍以御天。乾道變化，各正性命，保合大和，乃利貞。」此中《彖傳》認為：萬物是從乾道的變化而來，而乾元也就在「萬物流形」之中；由是而論，可知：萬物所稟承之命，與其所自來之性，都是乾元在萬物的流形，自然是「各正性命」。此中「性命」，連詞使用。

在儒學系統中，孔子重視的是復興周文的禮樂制度，把禮樂收歸於仁，重在人心的自覺。至於「性與天道」，則連子貢之徒，都不可得而聞。到了孟子，則「從性到心——以心善言性善。」〔註47〕孟子所謂的「性善」，實際上

〔註45〕（1）嚴靈峰說：「『《易》以道陰陽』疑是注文誤入，不能視為《莊子》文獻看待。」《道家四子新編》（臺北：臺灣商務印書館，1977 年），頁 831～832。（2）徐復觀，《中國人性論史》（臺北：臺灣商務印書館，1979 年），頁 359～360。

〔註46〕（1）徐復觀，《中國人性論史》，頁 555～563。（2）李漢三，〈周易十翼異時分成考〉，頁 86。（3）戴璉璋，《易傳之形成及其思想》，頁 62。（4）朱伯崑，《易學哲學史》，第 1 卷，頁 40。

〔註47〕徐復觀，《中國人性論史》第 6 章〈從性到心——孟子以心善言性善〉，頁 161。

便是指稱「心善」。此中的「性」，指的是「人之所以異於禽獸者，幾希」的心，「由仁義行」的仁義，也是指的心的隱微處的善。而「命」在《孟子》中指的是命運的命，包含有「莫之致而至者，命也」（《孟子‧萬章上》）及「分定故也」（《孟子‧盡心上》）之意。對於「性」與「命」的關係，孟子說：「口之於味也，目之於色也，耳之於聲也，鼻之於臭也，四肢之於安逸也，『性』也，有命焉，君子不謂之性也；仁之於父子也，義之於君臣也，禮之於賓主也，智之於賢者也，聖人之於天道也，『命』也，有性焉，君子不謂命也。」（《孟子‧盡心下》）按孟子之意，似乎是說：一般的人把生理的本能叫做「性」，把人的道德德性叫做「命」。而孟子則認爲一個君子應該是把內在於人生命之中的仁義禮智等德性稱之爲「性」，是可以操之在我的；而把外在的際遇，能對人加以限制的外在的力量稱之爲「命」。此中，孟子把「性」、「命」對舉。在《孟子》中，完全沒有出現過「性命」連詞。

　　徐復觀從文獻的觀點加以考察，說：「『性命』連詞，大約起於戰國中期。」〔註48〕「性命」一詞，在《孟子》中，沒有出現過。到了《象傳》，不僅「性命」連舉，甚至已經有《中庸》所謂的「天命之謂性」的雛形。把「命」由人的本能及外在的限制提升到它的根源以及流形二方面來說。從這之中的思想發展，可以看出其中時代的先後，必定是孟子在前，而《象傳》在後。

四、就哲學思想的發展而論

　　目前已出版的哲學思想史，多以現代的研究方法，對於各家的典籍加以研究，探討其中思想的脈絡與發展，然後依其思想的發展，依序論述。而這些思想史中，在儒家方面，對於孟子、《易傳》和荀子的次第，大多是依序：孟子→《易傳》→荀子。如：

1、徐復觀《中國人性論史》第六章：〈從性到心──孟子以心善言性善〉→第七章：〈陰陽觀念的介入──易傳的性命思想〉→第八章：〈由心善向心知──荀子經驗主義的人性論〉。

2、張豈之《中國思想史》第六章：〈孟子思想〉→第九章：〈易傳與陰陽五行學說的神秘化〉→第十章：〈戰國百家之學的總結──荀子〉。〔註49〕

3、任繼愈《中國哲學發展史‧先秦》也是先論孔孟，再論《易傳》，接

〔註48〕徐復觀，《中國人性論史》，頁205。
〔註49〕張豈之，《中國思想史》（臺北：水牛圖書公司，1999年）。

著論〈荀子的唯物主義哲學思想〉。〔註50〕

4、勞思光《中國哲學史》和韋政通《中國思想史》，雖然將《易傳》放在荀子之後論述，然而都有說明。因為《易傳》不是出於一人之手，而作者則是戰國至秦漢之間，也沒有一定說《象傳》在荀子之後。

五、就押韻的韻腳而論

高亨、戴君仁和戶田豐三郎以《象傳》所押的韻腳，與先秦時期詩歌作比較，結果發現：與南方詩歌、《老》、《莊》等多有吻合，而北方詩歌韻語中則沒有這些韻腳。這是有價值的論證，足供證明《象傳》作者為先秦的南方儒者，而非是北方儒者。但不能就此論定時代為何時。

綜上所論，不論是從思想的發展，或是從概念到單詞到複詞的語詞的形成，或是從文獻上的徵引情形各方面的論證，都可以證明《象傳》的著成年代，上限應該是在孟子之後；而荀子50歲始游學於齊，所以《象傳》的著成年代，下限應該是在荀子50歲之前的戰國後期，這個時期是戰爭規模最為盛大，犧牲最為慘烈，而社會動亂也最為劇烈的年代。接著秦始皇焚書坑儒，因此，要在這之間辨證思想成書的確切年代，實在是非常困難。本文只能藉著以上的推論，作一符合思想邏輯的結論。

第三節　名、義的考辨

《易傳》十篇中有《象傳》上、下篇，而《象傳》又稱為《象》。另外，在《繫辭》中，稱卦辭為「象」。因此，「象」在易學上所指稱的有二種：一是指卦辭，一是指《象傳》。這兩者，不可混為一談。以下先就文字學上探討「象」之本義及引申義，再進而探討《繫辭》與《象傳》中「象」的含意。

一、「象」在文字學上的本義及引申義

在甲骨文中雖然沒有「象」，但是「為」的所有字形卻酷似「象」，茲將李孝定所編述的《甲骨文字集釋》中所有「為」之甲文列舉如下：〔註51〕

〔註50〕任繼愈主編，《中國哲學發展史‧先秦》。

〔註51〕李孝定說：「本書所收甲骨文均據孫海波《甲骨文編》及金祥恆《續甲骨文編》所輯，但加臨寫，每多失真。」所以，在各甲文之下標示原文出處。以下僅

彖　（藏、141、4）　（藏、182、3）　（藏、185、1）

（藏、238、1）　（藏、242、3）　（藏、247、2）

（拾、12、15）　（拾、13、2）　（前、3、29、3）

（前、4、11、2）　（前、4、54、3）　（前、5、4、3）

（前、5、14、8）　（前、5、24、3）　（前、5、40、3）

（前、5、40、5）　（前、6、48、5）　（前、7、21、3）

（後、上、6、12）　（菁、1、1）　（菁、3、1）

（甲、1、8、16）　（甲、2、16、1）　（戩、7、14）

（戩、49、3）　〔註 52〕

許慎《說文解字》：「彖，脩豪獸。一曰：河內名，豕也。」〔註 53〕孫詒讓說：「彖，爲古文象字。」〔註 54〕孫詒讓認爲這些甲文就是「象」字。郭沫若舉《殷虛古器物圖錄》的文證明孫詒讓之說，曰：「孫詒讓釋彖，余案當以孫釋爲是。」〔註 55〕李孝定舉契文上出諸形，與《說文》中古文全同，而下

附註有收錄本文徵引甲文之原書。藏：《鐵雲藏龜》；拾：《鐵雲藏龜拾遺》；前：《殷虛書契前編》；後：《殷虛書契後編》；菁：《殷虛書契菁華》；甲：《龜甲獸骨文字》；戩：《戩壽堂所藏殷虛文字》；甲編：《殷虛文字甲編》；粹：《殷契粹編》。《甲骨文字集釋》，卷首，〈凡例〉，頁 20～24。

〔註52〕李孝定編述，《甲骨文字集釋》，《中央研究院歷史語言研究所專刊之 50》（臺北：中央研究院歷史語言研究所專刊，1982 年），卷 9，頁 1982。

〔註53〕〔清〕段玉裁，《說文解字注》（臺北：漢京文化事業公司，1983 年），9 篇下，頁 38。

〔註54〕〔清〕孫詒讓，《契文舉例》，上，頁 26 下（清・光緒 30 年），轉引自《甲骨文字集釋》，卷 9，頁 1982。

〔註55〕郭沫若，《甲骨文字研究》，上，釋蝕，1 頁下～2 頁下，轉引自《甲骨文字集釋》，卷 9，頁 2998～3000。

按語說：「孫氏釋豕、郭氏說其字義，均確不可易。」〔註56〕由上李孝定所收的 25 個甲文，可以明顯看出就如許慎所說的是脩豪獸，其背都畫有象徵長豪之文，而在 25 個甲文中，其前也都有象徵利牙之形。在獸類之中，其特徵背部有比直的長豪，其前有銳牙的，應該就是野豬，就如現在的山豬一般，所以許慎又用「一曰」說：或許這些字形就是河內人所畫的「豕」字。

　　另外，在李孝定所編述的《甲骨文字集釋》中，另有 19 個「豕」的甲文，亦先列舉如下：

豕　　（藏、14、2）　　　　　　（藏、62、1）　　　　　（藏、125、1）

　　　（藏、150、1）　　　　　（拾、8、14）　　　　　（前、1、24、3）

　　　（前、4、27、4）　　　　（前、8、14、3）　　　　（後、上、22、3）

　　　（後、下、1、4）　　　　（後、下、39、8）　　　　（後、下、40、13）

　　　（後、下、41、9）　　　　（菁、9、2）　　　　　　（甲、1、7、16）

　　　（戩、4、2）　　　　　　（甲編、2928）　　　　　（粹、120）

　　　（粹、1584）　　　　　〔註57〕

　　由上所有字形觀視，每一個甲骨文都是像：頭、利牙、身、足，而後揭其尾之形，是獨體象形。其中有三個甲文背上畫有鬣毛。李孝定引羅振玉的話說：「豕與犬之形，象其或左或右。卜辭中凡象形字，第肖其形，使人一見可別，不拘拘於筆劃間也。」〔註58〕這麼多的甲骨文，其中筆劃之間或有或多或少的差異，造字之人的用意，只在於讓人一看之下，便可辨識是何物即可，所以每一個字的筆劃不盡相同。

　　在甲骨文中，凡從「豕」之屬，其中「豕」的字形，都同單文一樣，象豕之頭、利牙、身、足、而後揭其尾之形。如：

〔註56〕李孝定編述，《甲骨文字集釋》，頁 3000。
〔註57〕李孝定編述，《甲骨文字集釋》，頁 2977。
〔註58〕羅振玉，《增訂殷虛書契考釋》，中，頁 28 上（1914 年），轉引自《甲骨文字集釋》，頁 2977。

許慎《說文》對「豕」、「彖」、「彖」、「豭」的解釋如下：

1、豕，彘也。竭其尾，故謂之豕。象毛、足而後有尾，讀與豨同。按今世誤以豕爲彘，以象爲豭，何以明之？爲啄、琢從豕，彖從彖，皆取其聲，以是明之。凡豕之屬皆從豕。

2、彖，豕也。從彑從豕，讀若弛。

3、彖，豕走也，從 從豕省。

4、豭，豕絆足行豭豭也，從豕，繫二足。

段玉裁《說文解字注》說：

> 《玉篇》作：「彖，走悦也。」恐是許書古本如此。《周易》卦辭謂之彖，爻辭謂之象。《繫辭傳》曰：「彖也者，才也」；虞翻曰：「彖說三才。象者，言乎象者也」；虞翻曰：「八卦以象告。彖說三才，故言乎象也。」古人用象字必系假借，而今失其說。劉瓛曰：「彖者，斷也。」〔註61〕

許慎認爲豕與豭是有所分別的，豭是豕絆足而行，因有所羈絆而艱困的樣子，是屬於合體象形。而啄、琢則是形聲字，從豕聲。另外又說：「彖，豕也。從彑從豕，讀若弛」。其中「從彑從豕」是釋形之誤。因爲彖的甲文，都是象頭、利牙、毛、足，而後揭其尾之貌，就是象的本字。〔註62〕而野豬的

〔註59〕李孝定編述，《甲骨文字集釋》，頁 2985。
〔註60〕李孝定編述，《甲骨文字集釋》，頁 2987。
〔註61〕〔清〕段玉裁，《說文解字注》，9 篇下，頁 40。
〔註62〕黃慶萱說：「象，甲文作 ，像一隻長嘴利牙背長鬃毛的野豬。」《周易讀本》（臺北：三民書局，1980 年），頁 8，注 1。

特徵是利牙，古人造字多是強調其特有的部位，如：鼠，強調其齒；鹿，強調其角；象，強調其長鼻和牙，諸如此類。而野豬最大的特徵就是利牙，造字者沒有理由不畫其頭和利牙。而且，凡屬於動物的象形字，都必有頭，由此而論：「豕」應該是省體象形，省去其頭與利牙之形，是屬於後起的文字，許慎誤以後起字為本字，所以造成釋形之誤。而「彑」，《說文》：「彑，豕之頭，象其銳而上見也」。應是體例之誤，「彑」，不可單獨成文。「銳而上見」，應是象利牙之形。整個「豕」、「彖」是獨體象形，非合體象形。

至於「彖」和「彖」，阮元認為：「按《說文》彖、彖二字之注，後人亂之。今本：彖，豕走也。當云：彖，豕走挩也，讀若弛。」〔註63〕因《說文》之誤，而後《玉篇》、《廣雅》相沿其說，造成彖、彖二字錯失互淆，也造成凡從二字偏旁得聲的字因而全部混淆。因為彖、彖二字，分別只在多寡一畫之間而已，所以造成這些錯誤。阮元根據段玉裁的古音十七部加以考訂，發現《說文》把「彖」和「彖」二字錯亂，應是「彖，豕也。」、「彖，豕走挩也，讀若弛。」才是。〔註64〕

根據以上 25 個「彖」和 19 個「豕」的甲文，都是像「彖」之形，加上阮元根據段玉裁古韻之說所考訂的結果。我們可以論定：「豕」的本字就是「彖」。至於「彖」，阮元說：「彖、彖形近，秦漢間篆隸已不分矣。」

野豬的特徵是利牙，利牙能咬斷物品，所以引申有「斷」之義；如果咬斷綁住野豬的繩子，則會導致野豬逃脫，所以又引申有「走脫」之義。

彖，段玉裁根據《玉篇》，認為今本《說文》應該遺漏了「悅」字，古本應該作：「彖，豕走悅也。」；阮元《揅經室集》卷一〈釋易彖音〉認為「悅」乃「挩」之誤；〔註65〕《說文》：「挩，解挩也」。「挩」，是形聲字，從手兌音，應該是「脫」的本字，後來本字消失，以假借字通行。所以《廣雅・釋言》：「彖，挩也」，與《玉篇》之意相同，是《說文》、《廣雅》、《玉篇》、《說文解字注》并以彖為走脫之義，是誤以引申義為本義，甚為明顯。

綜上可知：「彖」是「豕」的本字，本義是野豬，讀通貫切。「彖」是「豕走挩也，讀若弛。」在秦漢之間，「彖」、「彖」二字已經混淆。

〔註63〕〔清〕阮元，《揅經室集》，《皇清經解》（臺北：漢京文化事業有限公司），卷一，〈釋易　音〉、〈釋易彖意〉，頁 1～4。

〔註64〕〔清〕阮元，《揅經室集》，頁 1～4。

〔註65〕〔清〕阮元，《揅經室集》，頁 2。

二、「彖」在《周易》中的含義

（一）「彖」在《繫辭》中的含義

在《繫辭》中稱「彖」者，共有四處：

1、彖者，言乎象者也；爻者，言乎變者也。（《繫辭》上）

2、彖者，材也；爻也者，效天下之動者也。（《繫辭》下）

3、知者觀其彖辭，則思過半矣。（《繫辭》下）

4、八卦以象告，爻彖以情言。（《繫辭》下）

此中稱「彖」的四處中，有三處是彖、爻對舉，孔穎達疏：「彖謂卦下之辭，爻謂爻下之辭。」〔註66〕也就是說《繫辭》所指稱的「彖」，系指卦辭；所說的「爻」，則指爻辭。這個「彖」，是藉「彖」爲「斷」，用「彖」的引申義，是就卦象斷定其義。所以說一個有智慧的人只要觀看彖辭，就可以看出卦象所要垂示的大半含義了。

在《易》學中，「彖」首見於《彖傳》，《繫辭》的成書應是在《彖傳》之後，而當時「彖」恐怕尚未成爲專有名詞，所以《繫辭》作者借用《彖傳》之「彖」義。《易經》的卦辭是卜筮之文，《彖》則是就此卜筮之文斷定其義。《繫辭》的作者借用《彖傳》之義，所以稱卦辭爲「彖辭」，簡稱爲「彖」。

（二）「彖」在《彖傳》中的含義

「彖」，雖然有文字學上的淵源，然而，在《彖傳》之前的各種典籍中，卻從來沒有出現過「彖」字。而「彖」一出現，就是最早解釋《易經》的著作。這麼重要的著作，卻又沒有解釋書名「彖」是何義？根據25個「彖」和19個「豕」的甲骨文都是像「彖」之形，「彖」應該是豕的本字，可是又爲何用野豬作爲解經之名，這是令後代學者百思不得其解的問題，最終只能就其引申義作爲解說。最早解說「彖」的是王弼。

王弼（226～249）《周易略例》中有〈明彖〉，綜論《彖傳》的旨趣，其論如下：

> 夫《彖》者，何也？統論一卦之體，明其所由之主者也。夫眾不能治眾，治眾者，至寡者也；夫動不能治動，制天下之動者，貞夫一者也。故眾之所以得咸存者，主必致一也；動之所以得咸運者，原必無二也。物無妄然，必由其理。統之有宗，會之有元……，故六

〔註66〕〔唐〕孔穎達，《周易正義》，卷7，　頁7下。

爻相錯，可舉一以明也；剛柔相乘，可立主以定也。……故舉卦之
名，義有主矣；觀其彖辭，則思過半矣！……品制萬變，宗主存焉；
《彖》之所尚，斯爲盛矣……，繁而不憂亂，變而不憂惑，約以存
博，簡以濟眾，其唯《彖》乎！〔註67〕

王弼認爲：卦名，是每一卦的中心意旨。而其中之意，主要蘊含於卦辭
之中，只要細細品玩卦辭，大致上就能體會一卦的意蘊。然而每一卦的內涵，
變化甚廣，不容易掌握，而《彖傳》就是在論述每一卦整體性的內涵，也就
是一開頭所說的「統論一卦之體，明其所由之主者也」。這可以說是王弼對「彖」
的說明。而後孔穎達在《左傳・襄公 9 年・正義》：「彖者，統論一卦之體，
明其所由之主。」就是承襲王弼的說法。

南朝齊人劉瓛首先注解「彖」說：「彖者，斷也，斷一卦之才也。」〔註68〕
唐・孔穎達《周易正義》說：「彖辭，統論一卦之義：或說其卦之德、或說其卦
之義、或說其卦之名。」〔註69〕對「彖」的解釋同劉瓛之說。目前的學者，也
都同劉瓛之注，認爲：彖者，斷也，斷定一卦之義。如《乾・彖》：「大哉乾元！
萬物資始，乃統天。雲行雨施，品物流形。大明終始，六位時成，時乘六龍以
御天。乾道變化，各正性命，保合大和，乃利貞。首出庶物，萬國咸寧。」就
是總釋乾卦卦辭「元亨利貞」之卦德、卦義及卦名。

三、「彖」字義總述

（一）本義：野豬

「彖」是「豕」的本字。後來「豕」轉作家畜之稱，所以，「家，從宀從
豕」。野豬的本義字喪失，所以又造一「豦」代替，其後「豕」、「豦」又混用，
「曾子殺豦」中的「豦」，已經又是家畜的名稱了。

（二）第一層引申義：斷

「彖」、「彖」混淆。「彖，豕走挩也。」應是野豬的利牙咬斷繩子而走挩，
引申有「斷」之義。所以劉瓛說：「彖者，斷也。」《廣雅・釋詁四》也解釋

〔註67〕 樓宇烈，《周易略例》，《老子、周易王弼注校釋》（臺北：華正書局，1981 年），
　　　　頁 591～592。
〔註68〕 〔唐〕李鼎祚集解、〔清〕李道平纂疏，《周易集解纂疏》（臺北：廣文書局，
　　　　1979 年），卷1，頁 11。
〔註69〕 〔唐〕孔穎達，《周易正義》，卷1，頁 6。

說：「彖，捝也。」都是用第一層引申義解釋字義。

（三）第二層引申義：逃脫、論斷、斷定、裁、財、才、材

1、野豬的利牙咬斷繩子而走捝，所以「斷」引申有「逃脫」之義。

2、「斷」引申為「論斷」、「斷定」之義。論斷卦象之辭，稱為卦辭；論斷卦辭之義，則是「彖辭」。所以《繫辭》說：「彖者，言乎象者也」、《周易正義》說：「彖謂卦下之辭」，都是用第二層的引申義。

3、「斷」引申有「裁」之義，「裁」和「才」、「材」、「財」同音，古代通用。《管子・形勢》：「裁大者，眾之所比也。」尹知章注：「裁，斷也。」、《穀梁傳・序》：「公羊辨而裁。」楊士勛《疏》：「裁謂善能裁斷。」、《國語・鄭語》：「材兆物。」韋昭注：「材，裁也。」、《荀子・富國》：「治萬變，材萬物。」楊倞注：「材與財同。」所以《繫辭》說：「彖者，材也。」、《廣雅・釋詁四》：「彖，才也。」可見「裁」是由「斷」再引申的第二層引申義。

（四）第三層引申義：才德。

「材」引申有「才德」之義。《繫辭》：「彖者，材也。」王弼《注》：「材，材德也。」、《孟子・離婁下》：「材也養不材」，趙岐《注》：「材者，謂人之有俊材者」、《漢書・平帝記》引《論語》「舉賢才」作「舉賢材」。上舉「材」字都是作「才德」義，是「彖」的第三層引申義。

總上所論，「彖」字義之孳乳，圖示如下：

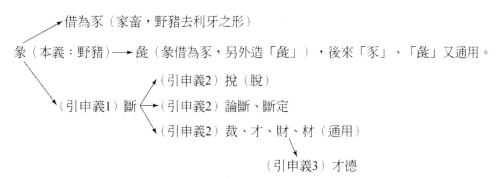

第四節　結　語

在先秦時，雖然百家爭鳴，然而各家文化在發展上都有其地域性。如：鄒魯文化以儒家為核心，三晉文化以法家為中心，而由《漢書・藝文志》所

載先秦時道書 37 家，993 篇的作者分析，其中以齊人和楚人最多，另外在吳越文化和巴蜀文化中也有傳播，可見當時道家學派是以燕齊文化和荊楚文化爲中心發展起來的。〔註 70〕而由本文以上所論，《象》應成書於戰國後期，作者應在孟子之後、荀子 50 歲之前的楚地儒者，當時的南方文化應是以道家爲思想核心，而當時楚地在易學上可說非常發達，如近代出土的帛書《易傳》──《繫辭》、《二三子》、《易之義》、《要》、《繆和》、《昭力》等六篇，經張立文先生的考訂，應是楚國易學者所作。〔註 71〕雖然其中幾篇《易傳》很接近孔子的儒家思想，卻也參雜了道家、黃老思想在其中。〔註 72〕因此，應如張立文所說：「是屬於與通行本《易傳》不同的系統，但互有滲透。」〔註 73〕由是而論，成書於戰國中晚期帛書《易傳》，也有融合各家思想的傾向。也因此，在《象傳》中時而出現道家思想的文句，實是不足爲奇。難怪近代的一些學者，如李澤厚、朱伯崑、李靜池等都認定《象傳》的內容，實受到道家思想影響。〔註 74〕

　　梁任公認爲一個思想蓬勃的時代，必定有其時代的思潮。而時序到了戰國中晚期，正是戰亂了三、四百年，整個中國即將大一統的時刻，其整個時代的思潮也正朝向這個目標前進。所以，這個時期思想最大的特色，就是各家思想的互相融攝。不論是儒家的《荀子》或是法家的《韓非子》，其中都不乏儒、道、法、墨，甚至是陰陽、名、縱橫家的思想。所以，如果《象傳》確實是這個時代的產物，那麼《象傳》中也必定不免受到各家思想的影響，如其中論及萬物生成的宇宙觀時，即採用陰陽說。然而在先秦的儒學系統中，並沒有陰陽說的出現，可見其明顯是受到稷下道家一系和當時已經以陰陽來

〔註 70〕 胡孚琛，〈道家、道教的文化淵源和形成過程〉，牟鍾鑒、胡孚琛、王葆玹，《道教通論──兼論道家學說》（山東：齊魯書社，1993 年），頁 44。

〔註 71〕 張立文，〈帛書易傳的時代與人文精神〉，《國際易學研究》，第一輯，頁 67～88。

〔註 72〕 如《二三子》中多次提到「精白」，而「精白」這一概念可能源於道家，陳鼓應中從《黃帝四經》找出一些例證。〈《二三子問》、《易之義》、《要》的撰作年代及其黃老思想〉，《國際易學研究》，第一輯，頁 106。廖名春也說：「《二三子問》雖然是孔子《易》說的遺教，但它寫成時，也受了戰國黃老思想的影響。」對於「精白」之概念也認同可能源於道家。《帛書易傳初探》，頁 6～7。

〔註 73〕 張立文，〈帛書易傳的時代與人文精神〉，頁 80。

〔註 74〕 （1）李澤厚，《中國古代思想史論》（臺北：三民書局，1996 年），頁 134。（2）朱伯崑，《易學哲學史》，頁 55、62。（3）李靜池，《周易探源》，頁 310、339。

解釋萬物生成的時代思潮的影響。即使是荀子，也都不免用「陰陽」一詞去解釋，可見「陰陽」已成爲當時慣用的語詞。

　　本文經由文獻、傳承、思想的用語、思想的發展以及押韻的韻腳各方面加以論證，《彖傳》應是成書於戰國後期。本文藉由成書時代的確認，進一步分析《彖傳》中的各種思想。如果其中思想果眞已有融攝各家思想的傾向，那麼將更能回頭確認《彖傳》的成書年代。也希望藉由此論證，可以確認《彖傳》作者的思想流派，及其與《易經》間的關係。

第三章　形上思想析論

　　本章以萬物生成的宇宙觀及天道流行的宇宙秩序二方面分別就《象傳》與先秦道家代表作——《老子》、《黃帝四經》和《莊子》做對應的分析，並比較其異同。經由比較、分析，本文得出：《象傳》與道家的同處是其中心觀點，而異處則在其用上。由是推論：《象傳》是以道家的觀點詮釋《周易》經文，然而受到詮釋文本的限制，所以才會產生其間的差異。

　　《周易》本是占筮之書，而《象傳》原是解《易》之作，然而《象傳》因為融攝、吸納了黃老思想，因此，將《易》中人格神的天轉化成形上的天——將有意志的旨意轉化成無意志的天道運行的規律，這無疑是《象傳》在《易》學的提昇上最大的貢獻。

第一節　前　言

　　西方的形上學是源自古希臘，「形上學」一詞譯自英文——Metaphysics，其原字根希臘文是從 meta-physics 二詞組合而成，意謂「自然物性（physics）以後（meta）」，或謂之「超物質」、「超經驗」，是探討「整體存在界的真象」。[註1] 其目的在「以存在界可理解秩序的原理、原因為探尋的鵠的，而『存有』概念也一直在擔負著存有物的產生與變化的說明之責。但是以『道』為首出的中國哲學就不一樣。」[註2]

〔註1〕　鄔昆如，《哲學概論》（臺北：五南圖書出版公司，1988 年），頁 220。

〔註2〕　袁保新，《老子哲學之詮釋與重建》（臺北：文津出版社，1991 年），〈自序〉，頁 3。

　　中國的形上學，名稱來自《繫辭傳》「形而上者謂之道」。以「形而上」指稱「道」，所以又稱爲「天道觀」。〔註3〕其所探討的則是「全體或一切實在事物之所共由之道，或普遍表現之原理的一種哲學。」〔註4〕在中國所謂的「天道」，唐君毅先生認爲有以下幾個意義：〔註5〕

　　（1）指上帝之道：如《詩》、《書》中的「天」，即多指上帝。

　　（2）指自然宇宙之道：如《荀子》所謂「天行有常，不爲堯存，不爲桀亡。」

　　（3）指天地萬物或自然宇宙萬物之所依，或所由以生之變化，或所依據之究極原理。如《莊子》以道爲「自本自根，……神鬼神帝，生天生地。」

　　（4）指全體普遍之道。乃一切萬物所普遍表現或共同之法則，如《韓非子·解老》「道者，萬物之所必然也。」

　　先秦諸子之中，在形上思想方面，最有系統加以論述的是道家。在儒學系統孔孟的言論中，似乎找不到有關宇宙論的說法。而年代界於孟、荀間的解《易》之作——《象傳》，卻出現了宇宙論的觀點。《象傳》何以會出現這樣的觀點？我們無得探究。然而其與道家思想的關係，卻值得我們加以探討。本文根據唐君毅先生所說「天道」的幾個內涵，擬就《象傳》與道家的代表作：《老子》、《黃帝四經》和《莊子》的形上思想，歸納爲以下二方面分別加以探討：（1）萬物生成的宇宙觀（2）天道流行的宇宙秩序。

第二節　萬物生成的宇宙觀

　　在初民時代，由於對大自然及死亡的畏懼，一般都會形成對自然和祖先的崇拜。隨著文明的開展，一些有識之士，由於長期的觀察，便開始對天、地、山川神靈、鬼神等有了一些新的省察。到了東周時期，由於禮樂征伐不再自天子出，周王雖仍尊爲「天子」，但是「天命」說似乎已經動搖，對於人

〔註3〕　陳俊輝說：「形上學是哲學架構中最重要的一環，在中國而言，天道觀是它探討的核心；而在西洋，所謂傳統的、理性主義的形上學，向以探討『一般的存有（者）』、或『普遍的存有』爲其主要的課題。」《新哲學概論》（臺北：水牛出版社，1991 年），頁 33。

〔註4〕　唐君毅，《哲學概論》（臺北：臺灣學生書局，1982 年），冊下，頁 663。

〔註5〕　唐君毅，《哲學概論》，冊上，頁 81～82。

格神的上帝說已經無法解釋現實上的一切。《詩‧大雅‧蒸民》：「天生蒸民，有物有則。民之秉彝，好是懿德。」此中的「天」，以前解爲「人格天」，相信「人格神的天」孳生眾民；但是到了春秋、戰國時期，另有一些思想家們可能將之理解成「形上天」，〔註6〕進而探究「形上之天如何孳生蒸民？」這個命題，也就是天地萬物如何生成的問題。《彖傳》與《老子》、《黃帝四經》、《莊子》都分別提出其個人的看法，以下先分別加以探討，然後再做比較。

一、《彖傳》的宇宙觀

　　《彖傳》認爲萬物的生成，是由天地間的陰陽二氣交感生發出來的。萬物性命的來源是「乾元」，而萬物的生成則在「坤元」。乾和坤分別代表陽和陰，而陰陽的交互流行，就是化生萬物的運動方式。《彖傳》一開始就說：

> 大哉乾元，萬物資始，乃統天。雲行雨施，品物流形。大明終始，六位時成，時乘六龍以御天。乾道變化，各正性命，保合大和，乃利貞。首出庶物，萬國咸寧。（《彖‧乾》）

> 至哉坤元，萬物資生，乃順承天。坤厚載物，德合無疆。含弘光大，品物咸亨。（《彖‧坤》）

這段話是就《易‧乾》「元亨，利貞。」和《易‧坤》「元亨，利牝馬之貞。君子有攸往，先迷后得主。利西南得朋，東北喪朋。安貞吉。」中的「元亨」所作的解釋。「元亨，利貞」，其意是說：「筮遇此卦，可舉行大享之祭，乃有利之占問。」〔註7〕由是可見：《易經》原來只是占筮之辭的記錄整理，而《彖傳》則藉由對此卦辭的詮釋來表現他的世界生成的宇宙觀。〔註8〕〈乾〉象徵天，故《彖傳》以天之德解釋〈乾〉卦辭。「大哉乾元，萬物資始」，謂大哉天德之善，萬物賴之而有始。〈坤〉象徵地，「至哉坤元，萬物資生」，說至哉地德之善，萬物賴之以生成。而地道是順受著天道的變化，以生成萬物。所

〔註6〕勞思光，《中國哲學史》，第1卷，頁6～9。

〔註7〕高亨，《周易大傳今注》，頁42。張立文說：「始便順通而宜於卜問。」《周易帛書今注今譯》，頁45。同樣是就事問占所得之卜辭。本文採高亨的說法，另存張立文之說。

〔註8〕朱伯崑說：「這兩段話都是對乾坤兩卦卦辭『元亨，利貞』的解釋，其解釋有兩套語言：一是講筮法，即解釋乾坤兩卦象；一是表達作者的世界觀。僅看到一方面，是不完全的。」《易學哲學史》，卷1，頁100。本文因限於篇題範圍，僅就其世界觀加以論述。

以，《繫辭傳下》說：「天地絪縕，萬物化醇；男女構精，萬物化生。」天地猶如男女，天創始萬物，而地生成萬物。在這之中，天有雲行雨露，大明的運行，四時晝夜種種的變化，都有它的規律。而地道廣大，能含容萬物，使萬物得以順暢生長。天地之間保持著太和的景象，所以能始生萬物，滋養萬物，讓萬物各得性命之正，以活動於宇宙之間，以達萬國皆安之境。

《象傳》對〈乾〉、〈坤〉二卦的解釋中，「大哉乾元，萬物資始」、「至哉坤元，萬物資生」，除了涉及到萬物的本原問題外，也說明了乾坤生成萬物之意。金景芳曾就此而說：「萬物資之於它而發生而開始」，〔註9〕朱伯崑也加以闡釋說：

> 《象辭傳》對乾坤二卦的解釋涉及到了萬物的本原問題。乾元爲萬物資始，坤元爲萬物資生，二者作用不同，但缺一不可，需相互配合，才能產生萬物。乾元與坤元可以被理解爲天和地，因爲這與《易傳》多處表達的以天地爲萬物本原的想法是一致的。〔註10〕

文中認爲宇宙萬物是由乾坤所生成，天地是萬物的本源。「坤厚載物，德合無疆。」俞琰解釋說：「順與厚，皆坤德。順而承天之施，所以生物厚而合天之無疆、所以載物。乾德之大，無不覆幬，而無此疆爾界之限；坤德之厚，無不持載，亦無此疆爾界之限，是之謂合。」〔註11〕文中說明乾坤之化育具有普遍性，普遍的施行在萬物之中。李鏡池也說：《象傳》「它認爲有一種乾道超越於天地之上，統治著天地。萬物靠它創始，所以叫做『乾元』；萬物靠它生長，故又叫做『坤元』。這就是道統天，而地承天。……萬物都在這裡生長繁殖，生生不已。」〔註12〕文中認爲「乾元」與「坤元」是超越在天地之上，具有創生萬物的特性，而且普遍地存在於萬物之內，萬物都在這之中生生不已。

由上可知，《象傳》對於萬物生成的宇宙觀，具有以下幾個特色：

1、「乾元」和「坤元」具有根源性，是天地萬物最後的依據。

2、「乾元」和「坤元」具有生成義，以乾坤的陰陽交感化生萬物。

3、「乾元」和「坤元」具有普遍性，天地萬物都是「乾元」和「坤元」以陰陽二氣的交感所生發。

〔註9〕 金景芳、呂紹綱，《周易全解》（吉林：吉林大學出版社，1990年），頁11。

〔註10〕 朱伯崑，《易學漫步》（遼寧：瀋陽出版社，1997年），頁78。

〔註11〕 〔元〕俞琰，《俞氏易集說》，《通志堂經解》（臺北：漢京文化事業有限公司），冊7，〈象傳上〉，頁5。

〔註12〕 李鏡池，《周易探源》，頁339～340。

4、「乾元」和「坤元」具超越及內在性，超越於萬物，也在萬物的流形
　　之中。

二、《老子》的宇宙觀

　　老子認為「道」是一實有的存在，天地萬物是由「道」所產生出來的，「道」
是宇宙萬物的根源。唐君毅先生對於老子的「道」，用「先類辭以析義，而觀
其義之所存」，「再濟以統宗會元之功，而上達之事無極」，〔註13〕以貞定老子
的原意。唐先生根據《老子》中「道」的文句脈絡，將「道」析分有六義：（1）
通貫異理之道（2）形上實體之道（3）道相之道（4）同德之道（5）修德或
其他生活之道（6）作為事物及心境人格狀態之道。〔註14〕可說是相當完備地
呈現「道」的各種意涵。就宇宙觀方面，本文認為老子的「道」具有以下幾
個特性：

（一）實存性

　　唐君毅先生所分析的「道」之第二義──形上道體，即明確說明「道是
一實有的存在者，或一形而上之存在的實體或實理者」，〔註15〕就如《老子》
所說：〔註16〕

> 有物混成，先天地生。寂兮寥兮，獨立而不改，周行而不殆，可以
> 為天下母。吾不知其名，字之曰道。（25章）
>
> 道之為物，惟恍惟惚。惚兮恍兮，其中有象；恍兮惚兮，其中有物；
> 窈兮冥兮，其中有精，其精甚真，其中有信。〔註17〕（21章）
>
> 視之不見，名曰夷；聽之不聞，名曰希；搏之不得，名曰微。此三
> 者，不可致詰，故混而為一。其上不皦，其下不昧，繩繩不可名，
> 復歸於無物。是謂無狀之狀，無物之象，是謂惚恍。迎之不見其首，
> 隨之不見其後。（14章）

〔註13〕唐君毅，《中國哲學原論・導論篇》，頁349。
〔註14〕唐君毅，《中國哲學原論・導論篇》，頁350～365。
〔註15〕唐君毅，《中國哲學原論・導論篇》，頁352。
〔註16〕本文《老子》文字根據樓宇烈，《老子、周易王弼注校釋》，若需參照荊門市
　　　　博物館，《郭店楚墓竹簡》（以下簡稱《郭店楚簡》）、馬王堆漢墓帛書《老子》
　　　　甲、乙本（以下簡稱《帛書》甲、乙本），或他家說法，則另外加注說明。
〔註17〕據《帛書》甲、乙本校勘，文作：「中有象兮」、「中有物兮」、「中有精兮」。
　　　　高明，《帛書老子校注》（北京：中華書局，1996年），頁328～331。

老子認爲有一個混然一體的東西，不知道要如何稱呼它，勉強叫它作「道」。因爲它超越了一切感官作用，所以人的感覺能力和認知能力都無法直接掌握它。因此，老子有時說它是「無」，如：「惚兮恍兮」、「恍兮惚兮」、「窈兮冥兮」，都是說道似無的一面。然而它卻是亙古以固存，所以老子說它是「有物」、「道之爲物」，是實際存在的。因此，有時老子又說它是「有」，如：「其中有象」、「其中有物」、「其中有精」、「其中有信」，都是在說道的實存性。所以陳鼓應說：「老子認爲『道』是眞實存在的東西。」〔註18〕劉笑敢也認爲道具有實存的特性，〔註19〕牟鍾鑒在闡述道的幾個基本特性時也說：道具有實存性，〔註20〕嚴靈峰也認爲老子的道是形上實體，具有宇宙生化的功能。〔註21〕

（二）創生性

老子認爲宇宙萬物是由道所創生，道是一切存在的根源。道之創生萬物，就猶如母之能生子一般，《老子・42 章》說：「道生一，一生二，二生三，三生萬物。」其中所說的「一」、「二」、「三」，就在形容道創生萬物的歷程，是透過一層一層地往下落實而生成萬物。另外，《老子》又說：

> 有物混成，先天地生。……可以爲天下母。吾不知其名，字之曰道。（25 章）
>
> 天下萬物生於有，有生於無。〔註22〕（40 章）
>
> 道生之，德畜之，物形之，勢成之。是以萬物莫不尊道而貴德。道之尊，德之貴，夫莫之命而常自然。〔註23〕（51 章）
>
> 萬物恃之而生而不辭，功成不名有，衣養萬物而不爲主。〔註24〕（34

〔註18〕陳鼓應，〈老子哲學系統的形成和開展〉，《老子今註今譯及評介》（臺北：臺灣商務印書館，1981 年），頁 2。

〔註19〕劉笑敢，《老子——年代新考與思想新詮》（臺北：東大圖書公司，1997 年），頁 215～222。

〔註20〕牟鍾鑒、胡孚琛、王葆玹，《道教通論——兼論道家學說》，頁 71。

〔註21〕嚴靈峰，《老莊研究》（臺北：臺灣中華書局，1966 年），頁 378。

〔註22〕據《郭店楚簡》校勘，文作：「天下之勿（物）生于又（有），生于亡（無）。」荊門市博物館，《郭店楚墓竹簡》（北京：文物出版社，1998 年），頁 113。此中牽涉到「有」、「無」同出及先後序問題，本文不作探討。

〔註23〕據《帛書》甲本校勘，文作：「道生之而德畜之，物刑之而器成之。是以萬物尊道而貴德。」乙本作：「道生之，德畜之，物刑之而器成之。是以萬物尊道而貴德。」高明，《帛書老子校注》，頁 69。

〔註24〕據《帛書》甲、乙本校勘，文作：「道汜兮，其可左右也，成功遂事而弗名有

章）

對於《老子》的「道」具有創生義，唐君毅、〔註25〕徐復觀、〔註26〕嚴靈峰、〔註27〕陳鼓應、〔註28〕袁保新、〔註29〕劉笑敢〔註30〕等學者，都有相當一致的看法，認為道是宇宙的創生實體，具有創生宇宙萬物的基本動力，它是世界共同的起始點，《老子》明確地說：萬物都是「道生之」，但是卻不帶有任何的目的性，所以說「生而不有，為而不恃，長而不宰。」其中「生」、「為」、「長」，都在說明道的創生功能，「不有」、「不恃」、「不宰」，則表示道在整個創生過程中，完全是自然的，而且各物的成長活動也完全是自主的，所以說「莫之命而常自然」。在《老子》中不斷地提到「玄牝之門」、「天地之根」（6章）、「萬物之宗」（4章）、「天地之始」、「萬物之母」（1章），「這些比喻和說明都證明老子確實有一個世界總根源的觀念」。〔註31〕

（三）主宰性、遍在性、內在性、超越性

老子認為道不僅生育萬物，而且是天地萬物的主宰。然而此中的主宰義，並非是控制的意思，而是表明萬物都是依循於道，也都必須依循於道，萬物不可能離開道而得到養育和生長，是一種「主而不宰」之意。所以《老子》說：

　　道生之畜之，〔註32〕長之育之，亭之毒之，養之覆之。生而不有，

也，萬物歸焉而弗為主。」高明，《帛書老子校注》，頁405～406。文中無「萬物恃之而生而不辭」，但就義理而言，此句思想可為老子所涵蘊，故仍沿用王弼本文字。

〔註25〕唐君毅說：「老子言道，直謂之為有物混成，而為天下母，則道明為一形而上之存在者，乃有生物之實作用，如母之能生子；且有寂兮寥兮，獨立不改，周行不殆之實相者。」《中國哲學原論・導論篇》，頁353。

〔註26〕徐復觀說：「老子的所謂道，指的是創生宇宙萬物的一種基本動力。」《中國人性論史・先秦篇》，頁329。

〔註27〕嚴靈峰說：「老子的道乃是宇宙論的創生實體，具有宇宙生化的功能。」《老莊研究》，頁50。

〔註28〕陳鼓應說：「道這個實存體，不僅在天地形成以前就存在，而且天地萬物還是它所創生的。」《老子今註今譯及評介》，頁4。

〔註29〕袁保新說：「道乃生化萬物的根源。」《老子哲學之詮釋與重建》，頁24。

〔註30〕劉笑敢說：「在我們看來，『道生一，一生二，二生三』就是老子對世界萬物生發過程所作的理論假說的一個抽象化的模式，反映世界有一個共同的起始點，即共同的根源，這個共同的起始階段或最初狀態無法描述，也無法命名，只好勉強稱之為道。」《老子——年代新考與思想新詮》，頁205。

〔註31〕劉笑敢，《老子——年代新考與思想新詮》，頁206。

〔註32〕王弼本作：「道生之，德畜之」，《帛書》甲、乙本作：「道生之畜之」，高明，《帛書老子校注》，頁72。劉笑敢曾對此作詳細的辨正，認為應如《帛書》本

為而不恃，長而不宰，是謂玄德。（51 章）

萬物恃之而生而不辭，〔註33〕功成不名有，衣養萬物而不為主。（34章）

昔之得一者，天得一以清，地得一以寧，神得一以靈，谷得一以盈，萬物得一以生，侯王得一以為天下貞。其致之。天無以清將恐裂，地無以寧將恐發，神無以靈將恐歇，谷無以盈將恐竭，萬物無以生將恐滅，侯王無以貴高將恐蹶。（39 章）

「昔之得一者」之「一」，指的就是道，上舉各章在說明萬物的存在和發展都離不開道。不論是天地、萬物、神靈、河川、侯王，都必須依循於道。如若離開了道，那麼天將不再清、地將不再寧、神將不再靈、河將不再盈，而萬物也恐將難以生。這也就說明了道是天地萬物的「主宰」。

然而此主宰，對於萬物雖然「生之畜之，長之育之，亭之毒之，養之覆之」、「萬物恃之而生」、「衣養萬物」，卻都是自然而然地呈現，所以《老子·25 章》說：「人法地，地法天，天法道，道法自然。」王弼就此闡釋說：「法自然者，在方而法方，在圓而法圓，於自然無所違也。自然者，無稱之言，窮極之辭也。」〔註34〕「法自然」，也就是效法自然而然的原則，隨順物性的變化發展。牟鍾鑒在論〈道家的核心思想與基本精神之把握〉時曾就此說：「按照《老子》的說法，『人法地，地法天』，人道應符合天道的性質，天道自然無為，人道的基本要求在順乎萬物之自然，遵從事物發展的必然趨勢，反對人為的干擾、征服和破壞。」〔註35〕也都在說明道的根本原則是自然，所以，劉笑敢稱：「自然是老子思想體系的中心價值」。〔註36〕又天地萬物都須因道而生長，萬物若離開了道，則必定趨於毀滅。所以道必也內在於萬物，而且遍在於萬物。

老子雖然認為道是萬物的主宰，而且遍在於萬物，又內在於萬物。然而，

作「道生之畜之」，《老子——年代新考與思想新詮》，頁 209。本文據《帛書》本及劉孝敢的看法校改。

〔註33〕「不辭」依余培林之說應為「不為始」。余培林說：「傅奕本、敦煌本、范應本皆作『不為始』，畢沅曰：『古始辭聲同，以此致異。』按十七章王弼注：『大人在上，居無為之事，行不言之教，萬物作焉而不為始。』當引自本章。由此看來，王弼本原也作『不為始』，就是因應無為的意思。」《老子讀本》（臺北：三民書局，1982 年），頁 20，注 9。本文存其說。

〔註34〕樓宇烈，《老子、周易王弼注校釋》，頁 65。

〔註35〕牟鍾鑒、胡孚琛、王葆玹，《道教通論——兼論道家學說》，頁 72。

〔註36〕劉笑敢，《老子——年代新考與思想新詮》，頁 75。

道卻是超越性的，超越於形象、感官、語言文字和認知之上，所以《老子》說「吾不知其名」（〈25 章〉）、「視之不見」、「聽之不聞」、「搏之不得」、「其上不皦，其下不昧」、「繩繩不可名，復歸於無物」、「無狀之狀」、「無物之象」、「是謂惚恍」、「迎之不見其首，隨之不見其後」（〈14 章〉），都在表明道的超越性。

（四）小　結

《老子》所反映的時代，不論是春秋末期或是戰國時代，從思想史的觀點來看，都離不開「周文疲弊」這個時代的命題，而如何建立起新的價值秩序，也就成了先秦諸子共同的課題。在其理論架構中，如何建立理想的政治？是老子所最殷切關懷的，所以在其書中幾乎有一半的篇幅都在談為政之道。〔註37〕而如何實現其理想政治？其最終的憑藉又是什麼？從《老子》中可以看出都是指向「道」與「德」兩個觀念。而「德」在老子哲學中，可以說是人類行為的內在依據，仍然必須依從於道，所以，我們可以說《老子》的核心觀念都在於「道」。

當代學者對老子的「道」內涵的剖析，主要以嚴靈峰的四分說和唐君毅的六分說最具代表性。袁保新根據二位學者的觀點重新架構，對其形上意義而言，提出以下四點結論：〔註38〕

（1）道是萬物生化的根源。

（2）道的生化作用以自然為法，具有主宰性、常存性、先在性、獨立性、遍在性。

（3）道在天地萬物之中，具有內在性及超越性。

（4）道是一切事物之規律。

如上所論，在萬物生成的宇宙觀方面，老子的觀點認為道是真實的存有，而且是天地萬物創生的總源頭。在萬物之中，道具有內在性、遍在性及超越性。也正如袁保新對道的形上意義的四點結論中的前三項，正是本文對老子的宇宙觀之闡釋的總結。

三、《黃帝四經》的宇宙觀

《黃帝四經》的成書年代，在學術界大致上有四種觀點：戰國早期以前、

〔註37〕袁保新，《老子哲學之詮釋與重建》，頁 88。

〔註38〕袁保新，《老子哲學之詮釋與重建》，頁 21～25。

戰國中期左右、戰國末年、秦漢之際或西漢初年。陳鼓應運用詞彙的演變是先有單詞後有複合詞的規律，論證了《四經》的成書在戰國中期，要早於《孟子》、《莊子》和《管子》四篇。〔註39〕白奚則從人性論的發展演變、認識論的發展、陰陽五行思想的發展、先秦子書的古史傳說系統四方面，論證《四經》是戰國早中期之際的作品。〔註40〕本文採用二位學者之說，界定《四經》為戰國中期以前之作，早於《孟子》、《莊子》和《管子》四篇。其所謂《四經》，即《經法》、《十大經》、《稱》和《道原》四部。

　　《四經》認為「道」是萬物的本源以及萬物存在的內在依據。《道原》整篇就是對「道」的本體和功用進行探源，《道原》說：

> 恆無之初，迥同大（太）虛。虛同為一，恆一而止。濕濕夢夢，未有冥晦，神微周盈，精靜不配（熙）。古（故）未有以，萬物莫以。古（故）無有刑（形），大迥無名。天弗能覆，地弗能載。小以成小，大以成大。盈四海之內，又包其外。……鳥得而蜚（飛），魚得而流（游），獸得而走，萬物得之以生，百事得之以成。人皆以之，莫知其名，人皆用之，莫見其刑（形）。〔註41〕

文中用「氣」代替「道」。說在世界之初，整個宇宙是處於渾沌的狀態，空虛混同成為「恆定的一氣」，它可以精微纖細成就小物，也可以廣大浩渺成就大物。它無所不包，使大小動物都能適宜地生存，不論是蟲魚鳥獸，都是「得之以生」、「得之以成」，然而它卻沒有相狀，人們也無法得知它。其後接著說：「一者，其號也。」這裡，作者用「一」來指稱「道」。接著又說：不論是「天地陰陽，〔四〕時日月，星辰雲氣」，或是各種動植物，都是由道而來，道卻不會因之而減少──「皆取生，道弗為益少」；而萬物最終又都復歸於道，道也不會因之而增多──「皆反焉，道弗為益多」。這裡說明「道」具有創生義、遍在性、絕對性以及超越性。

　　另外，在《經法》各篇中也對道體作了一些形容，如《經法·道法》所

〔註39〕陳鼓應，〈關於帛書《黃帝四經》成書年代等問題的研究〉，《黃帝四經今註今譯》（臺北：臺灣商務印書館，1995年），頁29～45。

〔註40〕白奚，〈《黃帝四經》早出之新證〉，《道家文化研究》（北京：三聯書店，1998年），第14輯，頁262～278。本文另收錄於該作者：《稷下學研究──中國古代的思想自由與百家爭鳴》（北京：三聯書店，1998年），頁97～114。

〔註41〕本文關於《黃帝四經》引用的文字，根據陳鼓應，〈馬王堆帛書《黃帝四經》校定釋文〉，《黃帝四經今註今譯》，頁487～530。

說：

> 虛無刑（形），其裻（寂）冥冥，萬物之所從生。

其中「虛」，是對道體的形容；「無形」，是在說明道之不可捉摸，無法用感覺器官去覺知；而「冥冥」，則形容道體的玄遠深邃。此段文字是對道體的形容，以及說明萬物都是由道而發生。在這裡，道對萬物具有生成義和超越性。

再觀《經法・論》：

> 天執一，明〔三，定〕二，……天執一以明三，日信出信入，南北
> 有極，〔度之稽也。月信生信〕死，進退有常，數之稽也。……則壹
> 晦壹明，〔壹陰壹陽，壹短壹長〕。

這段文意在說明：「上天依靠道的力量，生成了日月星辰，並使陰陽得以定位。」〔註42〕並且依著一定之運行規律「信出信入」、「進退有常」。

次觀《經法・名理》：

> 道者，神明之原也。神明者，處於度之內而見於度之外者也。處於
> 度之〔內〕者，不言而信；見於度之外者，言而不可易也。處於度
> 之內者，靜而不可移也；見於度之外者，動而不可化也。靜而不移，
> 動而不化，故曰神。神明者，見知之稽也。

文中用「神明」形容「道」「不可捉摸而又不可以感受到的奇妙作用」。〔註43〕道既內在於萬物之中，並且不因此而有所變化，仍然是那麼地神妙。在化之中，仍然有不化者存乎其間。「化」指道的作用，「不化」則指道的本體。

《經法・名理》接著又說：

> 有物始〔生〕，建於地而洫（溢）於天，莫見其刑（形），大盈冬（終）
> 天地之間而莫知其名。

文中「有物」指的是「道」。〔註44〕這裡用「有物」來表明「道」是實有的存在者。它雖然充盈於天地之間，但卻沒有人知道要如何稱呼它。這裡說明「道」是實有本體，以及具有超越感官、語言、文字的特性。

在宇宙發生、發展的過程，《十大經・觀》說：

> 黃帝曰：群群（混混）□□□□□□〔沌沌，窈窈冥冥〕，爲一囷。
> 無晦無明，未有陰陽。陰陽未定，吾未有以名。今始判爲兩，分爲

〔註42〕陳鼓應，《黃帝四經今註今譯》，頁 181。
〔註43〕陳鼓應，《黃帝四經今註今譯》，頁 233。
〔註44〕陳鼓應，《黃帝四經今註今譯》，頁 237。

陰陽，離爲四〔時〕。

文中用混沌之氣代替道。文意是說，在陰陽剖判之前，整個宇宙是渾沌一團的原初狀態，後來分化出陰與陽，才有了天地、四時，繼而才有了萬物的生成。這裡也是說道對於宇宙萬物具有生成義。

總上所論，《四經》在宇宙本體的特性，大部分都同於老子，〔註45〕都一樣具備了生成義、絕對性、內在性、遍在性和超越性。但是《四經》中明顯的用「氣」描述「道」的特性，所以，丁原明說：「帛書（黃帝四經）的『道』正處在由道一元論向氣一元論轉化的過程中，它適成爲先秦道論從精神性存在到物質性存在過渡的一個中間環節。」〔註46〕這是一個非常重大的差異，而這一差異，即衍生出後來的「氣化論」之思想。

四、莊子的宇宙觀

莊子認爲宇宙萬物是由道所生成的，道具有天地萬物生成的根源性內涵，其根源性內涵有幾個特性：〔註47〕

(一)自本自根

道是最初的、唯一的根源。是自本自根的，即自己就是自己生發的原因。如《莊子‧大宗師》所說：

夫道，有情有信，無爲無形；可傳而不可受，可得而不可見；自本自根，未有天地，自古以固存。

莊子認爲道是一個自古以來原本就存在的東西，天地還沒有產生之前就存在著，而且是以自己爲本、以自己爲根存在著。它雖然有運動變化的情狀，有運動變化的規律；但是卻沒有意識，也沒有形象。雖然人們可以講解它，但是卻不能依照講解的語言去理解它；人們雖然可以得到它，但是卻沒有形象可以看見。文中強調：道是自己的根源，是天地萬物的始祖。

次觀《莊子‧天地》：

泰初有無，無有無名；一之所起，有一而未形。物得以生，謂之德；未形者有分，且然無間，謂之命；留動而生物，物成生理，謂之形；

〔註45〕白奚說：「《四經》中的道是一個抽象的本體和絕對的『一』，……這些說法和老子並無二致。」《稷下學研究──中國古代的思想自由與百家爭鳴》，頁115。
〔註46〕丁原明，《黃老學論綱》（山東：山東大學出版社，1997年），頁93。
〔註47〕崔大華，《莊學研究》（北京：人民出版社，1997年），頁118～129。

　　　形體保神，各有儀則，謂之性。

文中所謂「泰初」，就是指宇宙的原始，這個宇宙的原始，沒有形體，也沒有
稱謂，是一個「無」。這個「無」，就是指「道」，〔註48〕是一個整體，宇宙萬
物由它生起，而它是沒有相狀的，只是一種渾沌未分的狀態。萬物得到它而
生成就叫做德，還沒有形成形體時，就有了陰陽的分別，〔註49〕陰陽流通無
間就叫做「命」，陰陽演變流通而化生萬物。

　　由上可知：莊子認為天地萬物是由「道」所產生出來的，而這個「道」
是自為根本的，也就是最初的根源。

（二）周遍性

1、就其內容而言

　　莊子所謂的「道」是渾然為一，是無形無象，是沒有邊際的，它普遍地
存在於一切存有之中，它就是世界的一切，無所不是。《莊子‧齊物論》說：
「夫道，未始有封」，是沒有界限的普遍存在。又如《莊子‧天道》：

　　　夫道，於大不終，於小不遺，故萬物備。廣廣乎其無不容也，淵乎
　　　其不可測也。

文中認為道對於任何大的事物都不窮盡，對於任何小的事物也不遺棄，所以
天地之間萬物具備。它廣大地無所不包，深遠地不可測度。胡哲敷曾就此而
論：

　　　莊子認為整個宇宙，都在道的涵煦覆育之中。故自宇宙內面觀之，
　　　則無處不是道的散布流行；即宇宙之外，亦無不為道所包容。因為
　　　道是一切萬物化生之母。〔註50〕

文中也認為道「致廣大而盡精微」，對於任何事物的內容，沒有不是窮盡周遍
的，任何事物都在大道流行之中。莊子在〈知北遊〉中講了一個故事說：

　　　東郭子問於莊子曰：「所謂道，惡乎在？」莊子曰：「無所不在。」
　　　東郭子曰：「期而後可。」莊子曰：「在螻蟻。」曰：「何其下邪？」

〔註48〕陳鼓應，《老莊新論》（上海：上海古籍出版社，1997年），頁189。
〔註49〕「未形者有分」，宣穎說：「分陰分陽。」《南華經解》（臺北：廣文書局，1978
　　　年），卷3，頁23上。陳鼓應說：「『有分』，分陰分陽。」《莊子今注今譯》，
　　　頁342，採宣穎之說；黃錦鋐說：「雖然沒有行跡，卻有了陰陽的分別。」《莊
　　　子讀本》（臺北：三民書局，1999年），頁163，也採宣穎之說。本文從三者
　　　之說。
〔註50〕胡哲敷，《老莊哲學》（臺北：臺灣中華書局，1982年），頁51。

> 曰：「在稊稗。」曰：「何其愈下邪？」曰：「在瓦甓。」曰：「何其
> 愈甚邪？」曰：「在屎溺。」東郭子不應。莊子曰：「夫子之問也，
> 故不及質。正獲之問於監市履豨也，每下愈況。汝唯莫必，無乎逃
> 物。至道若是，大言亦然。周遍咸三者，異名同實，其指一也。」

東郭子問莊子道在什麼地方？莊子說無所不在。東郭子要莊子舉例說明，莊
子舉的例子越來越鄙下，東郭子不明其意，莊子甚至說道在屎溺之中。莊子
用正獲問監市怎能摸出豬的肥瘦為例，說明越是往不長肉的下面摸，就越能
摸出豬的肥瘦。如果連下面都長了肉，那麼其他地方的肉就會越多，這就叫
做越低下的事物越能顯現事物的道理。因為道無所不在，所以莊子用連屎溺
中都有道，來說明哪裡會沒有道呢？文中說：「無乎逃物」，實際上沒有一樣
東西能夠逃脫道。所以，最後莊子又用「周」、「遍」、「咸」來說明，雖然名
稱不同，但事實上都在指道的周遍性是一樣的。

2、就其形式而言

所有現象界的事物都是相對的，而「物由之而然」的「道」是全面的、
是整體的，莊子說它是「莫得其偶」，沒有它對立性的東西。不論「求得其情
與不得」，都對它無所損益。《莊子·齊物論》說：

> 物固有所然，物固有所可。無物不然，無物不可。故為是舉莛與楹，
> 厲與西施，恢詭譎怪，道通為一。其分也，成也；其成也，毀也。
> 凡物無成與毀，復通為一。

就事物而言，在事物與事物之間固然有是與不是、如此與不如此、美與醜、
大與小、成與毀、貧與富、窮與通、寒與暑等等的分別；然而就道而言，不
論是死生、貧貴、窮通、小大、成毀，不論是斷木與樽犧，都同樣是大道的
呈現。《莊子·齊物論》舉養猴的例子說：「勞神明為一，而不知其同也。」
如果人們還要在前後、多寡、美醜之間，用人類主觀的價值判斷去加以區分
的話，那就猶如是「眾狙」一般，不知「朝三暮四」與「朝四暮三」，其實是
「名實未虧」，而人們卻是「喜怒為用」，「不知其同也」。黃錦鋐曾就此而說：
「因為道的本體遍在，所以莊子的道，也可以說是『全』，但是也不能把『全』
字看得太死，因為莊子的道，根本是不可稱說的，〈齊物論〉說：『大道不稱』。」
〔註51〕可見莊子的道就如渾沌一般，無論成毀，宇宙萬物都內含於道，都是

〔註51〕黃錦鋐，《莊子讀本》，〈導讀〉，頁51。

渾然一體的。

（三）主宰性

做爲根源的「道」具有主宰性，這個主宰義，只是表示萬物是由道所化生，而道也普遍地存在於萬物之中，如若萬物沒有了它，則亦沒有萬物的生成。然而，就事物而言，事物仍然是「自生」的，所以，這裡的「主宰」，是指「主而不宰」之義。《莊子·大宗師》說：「夫道，……神鬼神帝，生天生地。」其中所謂的「生天生地」，並非有創造的意志，而只是表示天地萬物是由道所自然生發出來的。《莊子·天地》說：「泰初有無，無有無名，一之所起，有一而未形，物得以生。」《莊子·知北遊》說：「夫昭昭生於冥冥，有倫生於無形，精神生於道，形本生於精，而萬物以形相生。」其中所謂的「物得以生」、「生於道」，在《莊子》中都只是表示萬物的原始或是內在的根據。對此，張默生曾說：

> 於此，可見莊子之所謂「道」，即是「自然」，并非有意志的主宰。
> 道雖爲萬物所以化生的總原理，但天地萬物之所以化生，仍歸於「自然如此」。吾人只見萬物之生長毀滅，但不知其所以如此的道理，故曰「已而不知其然，謂之道」。〔註52〕

文中也認爲天地萬物之所以化生，都是自然而然的，都是如莊子所說的「已而不知其然」、「使其自己也，咸其自取」的。也就是說：萬物化生的現象是自己如此的，然而其內在的根據則是道。

（四）超越性

做爲根源的「道」的超越性，主要是指「道」不是人們認知中特定的某一實體，而是超越於世界萬物的一種狀態。黃錦鋐曾引《莊子·大宗師》「夫道，有情有信，無爲無形」這段話說：「根據這段話的意思，道是超乎時間、空間的實體，他是宇宙一切事物的本源，但又是無爲無形，感官看不見的東西，我們可以稱爲抽象的存在。」〔註53〕因爲「道」具有超越時、空的性質，所以《莊子·大宗師》又說：

> 在太極之先而不爲高，在六極之下而不爲深，先天地生而不爲久，
> 長於上古而不爲老。

〔註52〕張默生，《莊子新釋》（山東：齊魯書社，1993年），頁40。
〔註53〕黃錦鋐，《莊子讀本》，〈導讀〉，頁50。

在時間上，「道」用「在天地未分之前」來形容它，也顯現不出它的高遠；在空間上，用「天地四方的宇宙之下」來形容它，也顯現不出它的深邃。用「天地之先」、「長於上古」來形容它，也顯現不出它的長久。因為它是超越時間和空間，不具有時空形式。因此，無法為我們的感官所覺知，我們也無法用理智思維去認識、了解。所以《莊子·大宗師》說：「可傳而不可受，可得而不可見。」對於「道」的超越性，《莊子·天道》用桓公和輪扁的寓言說：「得之於手而應於心，口不能言，有數存焉於其間。」即使是父子之親、君臣之義都無法口耳相授。斲輪的技巧，都已是如此，更何況是聖人之道！

（五）小　結

莊子所重視的雖然是傾向於個人心靈的超越，在《莊子》中較少論述到天地生成的宇宙觀。然而，在其論及個人生命的主宰時，不免涉及生命的生成與生命的轉化。在生命的轉化上，莊子用「物化」說明萬物的生命是不時地在自由地輪轉，就此，追溯到源頭，則必論及天地生成的宇宙觀。在宇宙觀方面，莊子認為有一個自本自根、實存性的道，而這個道是超越時間和空間。因為超越時空，所以不為感官知覺所認知。這個道對於萬物除了具有生成、主宰以及遍在性外，又內在於萬物之中。這類思想可以說是繼承了《老子》的宇宙觀，在這一方面，「莊子本體論的定義，與老子相同，皆以道為宇宙萬有的本體，故宇宙萬物無不為道所包含。道為萬物化生之母，故道是萬物之最初根源。」〔註54〕對於宇宙觀這方面的論點，可以說是以老、莊為主的道家所共有的思想特點。

五、《象傳》與《老子》、《黃帝四經》和《莊子》的比較

根據以上所論，《象傳》對於萬物生成的宇宙觀和道家系統中的《老子》、《黃帝四經》、《莊子》的思想非常相似，這四者之間，茲比較如下：

（一）相似處

《象傳》的「乾元」與「坤元」和《老子》、《黃帝四經》、《莊子》的道在特性上，同樣具有根源性、生成性、超越性、內在性和遍在性。

（二）相異處

〔註54〕陳品卿，《莊學新探》（臺北：文史哲出版社，1984年），頁84～86。

1、萬物生成的根源

老、莊認爲萬物生成之根源是道,是屬於一元論。《黃帝四經》認爲萬物的本源是道,然而卻多用「氣」代替「道」,是由一元論過渡到二元論的環節。《象傳》則認爲萬物都是因著「乾元」之變化而化生,都是因著「坤元」而滋長,此中「乾元」和「坤元」之作用,明顯是屬於二元論。

2、萬物創生的方式

《象傳》認爲萬物是透過「乾元」和「坤元」而生成,而乾、坤分別代表天、地。《象傳》透過天、地生成萬物的方式類似《黃帝四經》和《太一生水》的宇宙生成模式。〔註55〕而老子則認爲道是以「有」、「無」同時具存之方式直接生成萬物,不須透過其他媒介,天地與萬物一樣,都是直接由「道生之,德畜之,物形之,勢成之。」另外,莊子也認爲道是直接「留動而生物」,亦不須經由天地而生成萬物。

（三）作為萬物根源所具有的特性

老、莊所說的道,明確的是一實有的存在;《黃帝四經》的「氣」,則是界於實有與抽象之間;《象傳》所說的「乾元」和「坤元」之「元」,則已然是一種抽象之表徵。

第三節　天道流行的宇宙規律

對於「天」的認知,一般都是用來指稱最高的主宰,然而其路向則大致有三:人格天、形上天和表命運或必然性的天。其中只有「形上天」含有天道流行的宇宙規律之觀點。在先秦儒學系統中,孔子言論中的「天」,有表人格神的天,也有表命運或必然性的天;孟子除了表命運或必然性的天,又有以德性言天的習慣;到了荀子,則採與地相對的天,也就是自然天的看法。然而儒學系統中的《象傳》,其中卻出現了不少天道流行的論點,這是一個值

〔註55〕《太一生水》說:「大一生水,水反輔大一,是以成天。天反輔大一,是以成地。天地復相輔也,是以成神明。……是故大一藏於水,行於時,周而又始,以己爲萬物母。一缺一盈,以己爲萬物經。」《郭店楚墓竹簡》,頁125。大一之生成萬物是透過天地的相輔而次第生成神明、陰陽、四時、寒熱燥濕等。就《象傳》的生成萬物是透過乾坤陰陽的交感這一論點,頗類似《太一生水》透過天地的相輔而生成萬物。然而就根源義而論,則《太一生水》明確是一元論,而《象傳》則是二元論。

得探究的問題。其論點是否與道家有關？以下分別就《象傳》與道家代表作，分別加以探討，再作比較。

一、《象傳》的「天行」論

　　《象傳》認為自然現象的變化就猶如四時的運行，有一定的規律，《象傳》稱之為「天行」。孔穎達解釋說：「天行謂逐時消息盈虛，乃天道之所行也。春夏始生之時，天氣盛大；秋冬嚴殺之時，天氣消滅，此乃天之自然之理，故云天行也。」〔註56〕《象傳》藉著對大自然的觀察，發現到萬物是由天地的陰陽二氣所交感化生出來的。陽與陰，具體表現為剛與柔，剛柔之間的互相消長形成四時的變化。天地、事物、鬼神即隨著四時的變化而隨之往來、消長、盈虛、興衰，而其消長盈虛是一種循環反覆的過程：由盈到虛，再由虛而盈；由長到衰，再由消而長，「終則有始」，終而又始，往返無窮，是一種永恆不已的規律。《象傳》的宇宙規律主要有兩個特徵：

（一）陰陽的流行

　　以天地之定位而言，則「天尊地卑，乾坤定矣」。然而如以天地之運行而言，則天屬陽，地屬陰；陽氣上升而陰氣下降，如若天自是在上而地自是在下，則天地之陰陽二氣自是不能相與，那麼萬物則無由化生。《象傳》認為萬物的「生生不已」必須是藉由天地的陰陽二氣交感所化生，所以《象傳》以「陰陽交感」去解釋天地萬物所以化生的原理。如《象・咸》所說：

> 咸，感也。柔上而剛下，二氣感應以相與。止而說，男下女，是以亨。利貞，取女吉也。天地感而萬物化生，聖人感人心而天下和平。

這段話是就《易・咸》「亨，利貞，取女吉」所作的詮釋。「咸」，本來是卦名，而卦辭原意是說：「筮遇此卦，可舉行亨祭；乃有利之占問；取女亦同。」〔註57〕而《象傳》則用上下二體進行闡釋。〈咸〉之上卦是兌，屬陰；下卦是艮，屬陽，陰主柔而陽主剛。陽本居在上，陰原居在下，然而〈咸〉卻是陰反居上而陽反居下。陰在上則其氣必下降，陽在下則其勢必上升，這樣一

〔註56〕〔唐〕孔穎達，《周易正義》，卷3，頁16。

〔註57〕高亨，《周易大傳今注》，頁218。另外，張立文說：「咸，亨祭，有利於占問，娶女則吉祥。」可說同於高亨之說，同樣是就事問占之辭。《周易帛書今注今譯》，頁525。

往一來，則必形成陰陽二氣交相感應，所以《象傳》以「感」來釋「咸」。比之於人事，則如《說卦傳》所說：「艮三索而得男，故謂之少男；兌三索而得女，故謂之少女。」以「男下女」，二氣交會自然相感相悅，就猶如天地之間，陰柔與陽剛之氣上下互相感應而化生萬物一般。〔註58〕所以胡自逢對這一段文字解釋說：「柔陰剛陽，曰『柔上而剛下』、曰『二氣感應以相與』，及明言陰陽二氣之相與；天地陰陽交感之實，傳於益卦，一言以蔽之，曰『天施地生』，藉使天無所施，地何由生？」〔註59〕對「二氣感應以相與」也是主張：天地之間透過陰陽二氣交相和合以化生萬物。

次觀《象・姤》：

> 姤，遇也，柔遇剛也。勿用取女，不可與長也。天地相遇，品物咸
> 章也。

此處是解《易・姤》「女壯，勿用取女」之意。「姤」，原本只是卦名。卦辭原意是說：「筮遇此卦，女雖已壯，亦勿娶之。」〔註60〕而《象傳》卻用爻的陰陽相遇去解釋卦名說：「姤，遇也。」初六陰爻主柔，其上五陽爻主剛。陰柔主女，陽剛主男。一柔而遇五剛，比之人事，則是一女而遇五男，那麼此女必是壯碩非常，所以卦辭告誡說：不可娶也。《象傳》藉著陰爻與陽爻之相遇去解釋卦名，接著又進而說「天地相遇，品物咸章也」，天地之間必須陰陽二氣相遇和合，才可以化生萬物。〔註61〕

再觀《象・泰》所說：

〔註58〕〈咸〉：艮下兌上。《象傳》說：「山上有澤」，純粹用卦象去解釋。筆者認爲不能用《象傳》的山澤去解釋《象傳》的「二氣感應」，說此處的「二氣」是指山澤二氣。徐志銳曾就「二氣感應以相與」解釋說：「天地陰陽二氣相感相應」；就「天地感而萬物化生」解釋說：「『天地感』，即陰陽二氣交感。由於天地陰陽二氣互相交感，萬物才能變化而生成。」《周易大傳新注》，頁201～202。本文採用其說。

〔註59〕胡自逢，〈周易象傳研究〉，《易經論文集》，頁288。

〔註60〕高亨，《周易大傳今注》，頁283。

〔註61〕〔唐〕孔穎達說：「必須二氣相遇，乃得化生。」《周易正義》，卷5，頁4。另外，徐志銳也曾就「天地相遇，品物咸章也」解釋說：「只有天地的陰陽二氣相遇，萬品物類才能全部彰顯於世。」《周易大傳新注》，頁281。黃壽祺、張善文就「天地相遇，品物咸章也」譯爲：「天地陰陽相互遇合，各類事物的發展都能顯明昭彰。」《周易譯注》（上海：上海古籍出版社，2000年），頁362。本文根據以上學者的說法，將「天地相遇」解釋爲天地之間，陰陽二氣的和合。

小往大來，吉，亨。則是天地交而萬物通也，上下交而其志同也。

此文是在解釋《易・泰》「小往大來，吉，亨」之意。卦辭原意是說：「失去小的，得到大的，吉祥亨通。」〔註62〕而《彖傳》則用上下二體進行解釋。

〈泰〉是由乾下坤上而成卦，乾象徵天，本在上而來居於下；坤象徵地，本在下而往居於上。乾坤這一往來交換位置，則「天氣交於下，地氣交於上，而萬物皆暢達。」〔註63〕《彖傳》這裡明顯是用陰陽二氣的流行去解釋天地化生萬物之原理。如果是天在上，地在下，則形成〈否〉，自然是天地定位，然而《彖傳》卻是說：「天地不交而萬物不通」，因為天之陽氣不下降，而地之陰氣不上升，則陰陽二氣不得交感和合，那麼萬物則無由化生。由是可論，天地間運行的規律必須是陰陽二氣交相流行，才能天地交泰；如若陰陽二氣無法交相流行，則天地之間則將否塞而不通。

（二）終始循環

《彖傳》認為天地間的運行是處於變動之中。這種變動是以一種循環的方式——對反的兩面不斷地相互浸漸取代。如陽氣與陰氣二者之間，陽消而陰長，陰消而陽長，而這消長之間是不斷地循環反覆的，就如日與月在天空的交替運行一般，《彖傳》把這種運行的規律，稱之為「盈虛消息」，也就是終始循環。如《彖・豐》曾說：

日中則昃，月盈則食；天地盈虛，與時消息，而況於人乎？況於鬼
神乎？

這一段是《彖傳》解釋《易・豐》「豐：亨，王假之。勿憂，宜日中」之後，又就「日中」衍伸出來的闡發。整則卦辭原意是說：「筮遇此卦，宜於日中舉行享祭，王須親至祭處，如有危難之事，勿憂，將得鬼神的保佑，可以轉禍為福，不須憂也。」〔註64〕而《彖傳》則用大自然的消息盈虛就「日中」加以發揮說：日正當中過後，則必然由盛而衰；月亮滿盈了之後，則必然慢慢的虧損，天地之間必然是由盛轉衰，再慢慢的興起；由盈轉虛，再慢慢的充盈。這種盛衰盈虛的現象都是隨著時間的推移而跟著變化，而這種消息盈虛

〔註62〕張立文，《周易帛書今注今譯》，頁423。

〔註63〕〔元〕俞琰，《俞氏易集說》，《通志堂經解》，冊7，〈彖傳上〉，頁16。

〔註64〕高亨，《周易古經今注》頁190～191。另外，張立文說：「豐，舉行祭祀王須親至其處，有危難不用憂愁，享祭的時間宜在正午。」《周易帛書今注今譯》，頁389。也同高亨之說。

的變化則有它一定的規律，這種規律，《象傳》稱之爲──天行。

次觀《象‧剝》：

> 剝，剝也，柔變剛也。不利有攸往，小人長也。順而止之，觀象也。
> 君子尚盈虛消息，天行也。

此文在解釋《易‧剝》「剝：不利有攸往」。卦辭的原意是說：「筮遇此卦，有所往則不利。」〔註65〕而《象傳》則用陰陽間的侵凌消長以解之。〈剝〉是五陰爻在下，一陽爻在上。陰爲柔，陽爲剛。五陰爻之勢力非常盛大，而一陽爻之勢力非常單薄，陰爻慢慢的在侵蝕剝落陽爻。比之人事，則象徵小人得勢，君子孤單，不宜有所作爲，因爲小人得勢，不會長久。《象傳》藉此進而說明這種陰盛陽衰的現象，只是天地之間陰陽消長盈虛的過程，而消長盈虛乃是天之道，是自然的規律。而這種規律，會以循環反覆、終而復始的方式運行。

再如《象‧蠱》：

> 蠱，元亨，而天下治也。利涉大川，往有事也。先甲三日，後甲三
> 日，終則有始，天行也。

這一段在解釋《易‧蠱》「蠱，元亨。利涉大川，先甲三日，後甲三日」之意。其卦辭原意是：「筮遇此卦，可舉行大享之祭；涉大川則利，但須在甲前三日之辛日或甲後三日之丁日。」〔註66〕而《象傳》則就「先甲三日，後甲三日」進一步說「終則有始，天行也。」古代用天干地支記年、月、日、時。天干是甲、乙、丙、丁、戊、己、庚、辛、壬、癸。一年有十二個月，一月有三十天，分爲三旬，一旬是十天。每旬的第一天是甲日，第二天是乙日，第三天是丙日，第四天是丁日，依此類推，第十天是癸日。接著又是下一旬的第一天是甲日，如此循環不已。因爲甲日是天干的開始，所以以古代君主如要實施新的政令，都會選擇在甲日作爲「宣令之日」。而政令的實施又必須提前三天公佈讓民眾知曉，即「先甲三日」爲辛日，取「辛」與「新」同音假借。政令宣布後三天內，民眾如有違犯則反覆叮嚀告誡，不予論罪，所以說「後

〔註65〕高亨，《周易古經今注》，頁82。另外，張立文說：「不宜於有所前往。」《周易帛書今注今譯》，頁167，亦同高亨之說。

〔註66〕高亨，《周易大傳今注》，頁153。另外，張立文說：「蠱，始而吉祥亨通，利於渡大河，宜在甲前三日的辛日與甲後三日的丁日。」《周易帛書今注今譯》，頁221，亦同高亨之說。

甲三日」。〔註67〕《象傳》就「先甲三日，後甲三日」進一步說「終則有始，天行也」，猶如四時的運行，「四時既終，更復從春爲始」，〔註68〕是一種終始循環的過程，是一種自然的規律。也因爲這種規律，才使得「天地之道恆久而不已」（《象·恆》）。

二、老子的「自然」說

在老子提到道作爲萬物之根據時，總是會同時強調兩個方面：一方面賦予萬物以秩序，是萬物存在生長的依據；另一方面卻又不居功、不恃能，不主宰和控制萬物，也就是說萬物之生滅都是自然而然的。道只是一種規律，不論是人，或是天地，都依循著這種規律而生住異壞。關於老子的自然說，劉笑敢在〈關於老子之道的新詮釋〉中曾有精闢地闡釋：

> 作爲世界之根據的老子之道有兩方面的特點：一方面是實有其效，的確是萬物的依據；另一方面是自然而然，非直接之決定。老子反覆強調道作爲萬物的總根據，其作用和地位都是自然的。〔註69〕

在老子的自然說中，有以下幾個特性：

（一）道是宇宙運行的總規律

唐先生認爲老子的道是「通貫萬物之普遍共同之理，或自然或宇宙之一般律則或根本原理」，〔註70〕自然界中事物的運動和變化都依循著這些規律。就道之形上意義而言，袁保新說：「道乃一切事物活動的規律」，〔註71〕也就如嚴靈峰所說，是「宇宙萬物生存變化的必然規律」。〔註72〕而這種規律，主要有以下二種特色：

1、反者道之動

〔註67〕「先甲三日，后甲三日」歷來注家說法不一，本文根據朱熹和惠棟之說爲主。朱熹說：「甲，日之始，事之端也。先甲三日，辛也；后甲三日，丁也。」《周易本義》，卷1，頁39。惠棟說：「白虎通曰春秋傳曰：以正月上辛。尚書曰：丁巳用牲於郊。先甲三日，辛也；後甲三日，丁也。皆接事昊天之日，故傳曰天行。」《周易述》，《皇清經解》，冊1，卷337，頁12。

〔註68〕〔唐〕孔穎達，《周易正義》，卷3，頁4。

〔註69〕劉笑敢，〈關於老子之道的新詮釋〉，《老子——年代新考與思想新詮》，頁209。

〔註70〕唐君毅，《中國哲學原論·導論篇》，頁350。

〔註71〕袁保新，《老子哲學之詮釋與重建》，頁25。

〔註72〕嚴靈峰，《老莊研究》，頁378。

　　《老子‧40 章》說：「反者道之動；弱者道之用。」河上公注：「反，本也。本者，道之所以動，動生萬物。背之，則亡也。」〔註73〕老子認爲道的運行軌道是反，而其顯現發用的方式是柔弱。這之中的「反」，就是道運行的主要規律，也是道生成萬物的一種方式。就萬物而言，如果離開了道的這種規律，那麼將趨於滅亡。這說明了宇宙間必須依循道的運行規律，而這種「反」的運行規律主要有三種含意：一是返，二是相反相成，彼此互涵互變，三是發展到反面。〔註74〕

　　《老子‧25 章》：「吾不知其名，字之曰道，強爲之名曰大。大曰逝，逝曰遠，遠曰反。」河上公注：「我不見道形容，不知當何以名之。見萬物皆從道所生，故字之曰道也。不知其名，強曰大者，高而無上，羅而無外，無不包容，故曰大也。其爲大，非若天常在上，非若地常在下，乃復逝去，無常處所也。言遠者，窮乎無窮，布氣天地，無所不通也。言其遠不絕越，乃道復在人身也。」〔註75〕

　　依河上公之意，老子所說的道在創生萬物的過程中，同時也包含著萬物，並不侷限在某一特定之處，而是一種流動地普遍存在。就道而言，道仍是道，並不因其生成萬物而有所坎陷，仍是不見其形容；就物而言，道雖說遠逝，遠逝只是在說道並不是固定停滯在事物之上，然而道卻仍內在於萬物之中。所以說：「反」是道創生萬物運行的一種規律。王邦雄曾說：「道之生成萬物，就在它回返它自身的和諧作用中，此之謂天下萬物生於有。」〔註76〕王邦雄之說只是就道自身而論，而河上公之注則就道與物二方面分別加以解說，其義較爲周延。

　　在老子的言論中，老子認爲任何事物都有它的對立面，而一切的現象都是在相反對立的狀態下形成的，並且認爲「相反相成」的作用是推動事物變化發展的動力，而且彼此之間是互涵互變的。如《老子》所說：

　　　天下皆知美之爲美，斯惡已；皆知善之爲善，斯不善已。故有無相

　　　生，難易相成，長短相形，高下相傾，音聲相和，前後相隨。（2 章）

　　　禍兮，福之所倚；福兮，禍之所伏。孰知其極？其無正。正復爲奇，

〔註73〕〔東漢〕河上公，《老子章句》（臺北：廣文書局，1980，影印〔宋〕麻沙本），卷下，頁 2。

〔註74〕張起鈞，《智慧的老子》（臺北：新天地書局，1976 年），頁 4～11。

〔註75〕〔東漢〕河上公，《老子章句》，上，頁 12～13。

〔註76〕王邦雄，《老子的哲學》（臺北：東大圖書公司，1980 年），頁 95。

善復爲妖。（58 章）

　　曲則全，枉則直，窪則盈，敝則新，少則得，多則惑。（22 章）

　　故物或損之而益，或益之而損。（42 章）

不論是善惡、美醜、有無、長短、高下、前後、禍福、曲全、枉直、損益，在我們的認知中相反對立的價值，人們往往追求的是美好的一面。然而在對反的二者之中，其間往往卻存在著互相轉化，而且互相涵蘊的現象。誠如張起鈞先生所說：

　　相反對立的，不僅互涵並且還是互變。那就是說正面的將要變成反面，而反面的也會變到正面。原來宇宙是運行不息的，在這運行過程中，一切事物都隨之而變化。眞所謂是「無動而不變，無時而不移。」這是一個擺在眼前的事實，任何人都有親切的體驗。所謂「變」，便是與原來的性質不同了。宇宙的運行是不停的，事物的變化也自然是無終無止的。〔註77〕

事物總是不斷地發展變化，總是不斷地向它的反面轉化，而正反之間的互相涵蘊與互相轉化，也並不是經過變化而形成的，而是對反的二方本身就是互相蘊含的，禍中有福，福中有禍。所以《老子・77 章》：「天之道其猶張弓歟？高者抑之，下者舉之。」在正與反、高與下、禍與福之中，其彼此間會「損有餘以補不足」。老子所說的正反二面只是就其表象上說，如果定要將老子的思想解釋成有對反的二面，可能就要陷入彼此間之對待而不能如莊子所說的「始得其環中」、「道通爲一」了。所以《老子・20 章》要說：「唯之與阿，相去幾何？善之與惡，相去若何？」這二者之中只是天道運行所呈現的一種現象罷了。

2、周　行

　　老子認爲天道的變化是在事物之間作正反對立的轉化，其變化並不是在二者之間彼此往返，而是呈現出一種「循環運動的規律」，〔註78〕這種運動的規律，老子稱之爲「周行」。關於道的循環運動，如《老子》所說：

　　有物混成，先天地生。寂兮寥兮，獨立而不改，周行而不殆，〔註79〕

〔註77〕張起鈞，《智慧的老子》，頁 9～10。

〔註78〕陳鼓應，〈老子哲學系統的形成和開展〉，《老子今註今譯及評介》，頁 9。

〔註79〕王弼本及河上公本都有「周行而不殆」，但是《郭店楚簡》和《帛書》甲、乙本文中均無「周行而不殆」，然而根據上下文文意，此句符合老子對道的詮釋，

可以爲天下母。吾不知其名，字之曰道，強爲之名曰大。大曰逝，

逝曰遠，遠曰反。（25 章）

夫物芸芸，各復歸其根。歸根曰靜，是謂復命。復命曰常。知常曰

明，不知常，妄作凶。知常容，容乃公，公乃全，〔註80〕全乃天，

天乃道，道乃久。沒身不殆。（16 章）

老子形容道在萬物間的變化是「周行而不殆」，所謂「周行而不殆」，就是其
下所說的：「強爲之名曰大。大曰逝，逝曰遠，遠曰反。」陳鼓應曾就此闡釋
說：

道是廣大無邊的，萬物都從它出來。萬物從道分離出來以後，周流

不息地運動著。萬物的運行，越來越離開道了，離道遙遠，剝極必

復，又回復到原點。這樣一逝一返，就是一個「周行」。〔註81〕

老子從萬物蓬勃的生長中，看出了道的這種循環往復的現象。他認爲萬物的
流形變化，最終都會回到它的本根。嚴靈峰也曾就此論說：

萬物生起動作，出於虛靜，又復歸於虛靜；我以此觀察其反覆也。

萬物並作，始則欣欣向榮，終必歸於凋落；百昌皆生於土，皆反於

土：各反其所始。故曰：復歸其根也。歸根者，由動復歸於靜，而

稱之爲「復命」：謂回復其性命之本眞也。〔註82〕

就物而言，其所涵蘊之道的現象就是往返回復的變化。關於老子的道之「循
環論」，嚴靈峰又特別提出來說：

「周行而不殆」，……此謂道永遠不絕的循環運行。不僅道體本身循

環運動，宇宙萬物之變化也是循環不息的。這在老子叫做「復」，也

就是：「歸根復命」。因此他說：「道生萬物」（42 章），又「復歸於

無物」（14 章）。又說：「夫物芸芸，各復歸其根。」（18 章）老子不

但把「道」看作一元的宇宙，同時也看作一個渾圓的宇宙。〔註83〕

本文仍沿用之。

〔註80〕此句《郭店楚簡》、《帛書》甲、乙本和王弼本均作「公乃王，王乃天」。但是
陳鼓應說：「『全』王弼本作『王』。王注：『無所不周普』，可見原文並不是『王』
字，如作『王』字，文義不通。……根據勞健之說改正。」《老子今註今譯及
評介》，頁 91～92。余培林亦同陳鼓應之說，《老子讀本》，頁 40。本文據陳
鼓應和余培林之說校改。

〔註81〕陳鼓應，〈老子哲學系統的形成和開展〉，《老子今註今譯及評介》，頁 10。

〔註82〕嚴靈峰，《老子達解》（臺北：華正書局，1982 年），頁 79。

〔註83〕嚴靈峰，〈老子哲學中若干重要問題〉，《老子達解》，頁 494～495。

文中所強調的是：就道而言，其創生萬物，而後又復歸於無物，是一種循環的運動規律；就物而言，則說是由無到有，而後又復歸其根，也是一種循環的變化方式。這種規律，老子稱它作「周行」。

（二）以自然為本

老子的思想以「道」為核心，其論天地間的自然現象和人們所應有的行為，都應以天道所呈現出之自然規律為準繩。即使是聖人統治天下，重要的也只是在遵循這客觀的運行規律——道。〔註84〕所以《老子》說：

> 太上，不知有之；〔註85〕其次，親而譽之；其次，畏之；其次，侮之。信不足焉，有不信焉。悠兮其貴言。功成，事遂，百姓皆謂我自然。（17章）

> 道常無為而無不為，侯王若能守之，萬物將自化。（37章）

文中說一個最好的世代，其君王統治天下，是隨順著人民，讓百姓「相忘乎道術」，自由自在地生活。即使是聖人，仍然應該：「欲不欲，不貴難得之貨，復眾人之所過。以輔萬物之自然而不敢為。」（64章）。不論是自然界或是人們都應遵循道之規律——自然。因此，《老子》說：

> 人法地，地法天，天法道，道法自然。（25章）

王弼注：「法自然者，在方而法方，在圓而法圓，於自然無所違也。」〔註86〕也就是說道之周遍流行，純是因任萬物自性之發展。道雖然生成萬物，然而卻「萬物恃之而生而不辭，功成而不名有，衣養萬物而不為主」（34章），道之對於萬物仍然是「不辭」、「不有」、「不主」的方式，令物自生、自化。所以說：「道之尊，德之貴，夫莫之命而常自然。」（51章）

老子在道論的基礎上，「提出天道與人道兩大法則。天道自然無為，人道順其自然。……人道應符合天道的性質，天道自然無為，人道的基本要求在順乎萬物之自然，遵從事物發展的必然趨勢。」〔註87〕由上而論，道是宇宙

〔註84〕李澤厚，《中國古代思想史論》，頁88。

〔註85〕王弼本作：「太上，下知有之。」《郭店楚簡》與《帛書》甲、乙本亦作「太上，下知有之。」然而陳鼓應根據諸多版本及本章最後一句「百姓皆謂我自然」就是「不知有之」的一個說明，認定作「不知」意義較為深長。《老子今注今譯及評介》，頁94。余培林亦根據吳澄本、永樂大典本皆作「不」，認為「不知有之」於義較勝。《老子讀本》，頁42。本文從陳鼓應及余培林之說。

〔註86〕樓宇烈，《老子、周易王弼注校釋》，頁65。

〔註87〕牟鐘鑒、胡孚琛、王保玹，《道教通論——兼論道家學說》，頁72。

間運行的總規律，而其所表現的總原則即是──自然。

三、《黃帝四經》的陰陽論

　　《黃帝四經》把「道」具體落實在人間，它認為人間世的種種政治經濟等問題，都必須遵循天道運行的規律，去調節彼此產生的矛盾。而天道的運行有其一定的法則。《經法·論》：

> 天建八正以行七法：明以正者，天之道也；適者，天之度也；信者，天之期也。極而〔反〕者，天之生（性）也；必者，天之命也；□□□□□□□□□〔順正者，天之稽也；有常〕者，天之所以為物命也。

這裡論述了天道的「七法」，也就是天道的七種特性：「明了確定、恰當適度、信實、至極而反、必然、順正、有常。」〔註 88〕這七種特性可以用「必然的規律」概括之。而此必然的規律，則是透過對反的方式表現出來的。所以，《稱》說：

> 凡論必以陰陽□〔明〕大義。天陽地陰、春陽秋陰、夏陽冬陰、晝陽夜陰。大國陽、小國陰；重國陽，輕國陰。有事陽而無事陰，信（伸）者陽而屈者陰。主陽臣陰，上陽下陰，男陽〔女陰，父〕陽〔子〕陰，……制人者陽，制於人者陰，……諸陽者法天，……諸陰者法地。

文中，《四經》把自然界、國家、社會中的一切現象，都用相對的方式對舉，然後全部納入陰陽的體系之中，而且說明陰陽的根源都是出自於天地。所以，不論是日月的更替、或是四季的推移、或是君臣上下、男女父子，都是天地必然之規律──陰陽之運行所呈現出來的現象。因此，不論是研討任何問題，都要從陰陽這個總原則出發。

　　再觀《十大經·觀》：

> 黃帝曰：群群（混混）□□□□□□〔沌沌，窈窈冥冥〕，為一囷。……今始判為兩，分為陰陽，離為四〔時〕。□□□□□□〔剛柔相成，萬物乃生，德虐之行〕，因以為常。……行法循□□□〔道，是為〕牝牡。牝牡相求，會剛與柔。剛柔相成，牝牡若刑（形）。

〔註88〕陳鼓應，《黃帝四經今註今譯》，頁 188。

「牝牡」意即「陰陽」。這裡用混沌之氣代替道，然後說：由渾沌之氣，分化出陰與陽。「行法循道，是為牝牡」，依循陰陽之理，也就是天道的規律。宇宙之間是透過陰陽剛柔之相會和合，然後產生出萬物之形。

《四經》又說：

> 日月星辰之期，四時之度，〔動靜〕之立（位），外內之處，天之稽也。（《經法‧四度》）

> 天地有恆常，萬民有恆事。……天地之恆常：四時、晦明、生殺、葇（柔）剛；萬民之恆事：男農女工。（《經法‧道法》）

這二段文字，說明不論是人間世的男農女工，或是自然界中日月的運行、四時的更替、月亮的陰晴圓缺、草木的茂盛與凋落等等，都是對反的剛與柔二者之間的相互推移、和合所表現出來的，而柔剛即是陰陽的特性。也就是如上段引文所說，自然界及人間世中所顯現的種種現象，都是陰陽二氣所形成的規律。

這種由陰陽二氣所形成的規律，存在著互相聯繫、互相依存、互相排斥、互相轉化的關係。《十大經‧果童》：

> 夫天有〔恆〕幹，地有恆常。合〔此幹〕常，是以有晦有明，有陰有陽……。兩若有名，相與則成。陰陽備物，化變乃生。

天地間有其永恆不變的客觀規律，由此客觀規律而產生相對反的二面：晦明、陰陽、山澤、黑白、美惡等等。這相對反的二面，可以用陰陽概括之。而宇宙間事物的變化，也就是來源於這二鼓對反的動力。而這相反的兩面卻存在著「兩若有名，相與則成」的特性，也就是說，雖然看是相反，然而卻是相成，而且是互相涵蘊的。所以，《十大經‧姓爭》：「剛柔陰陽，固不兩行。兩相養，時相成。」也是說剛柔陰陽並非是同時並行的，而是相互涵蘊，相互滋養而成。所以《十大經‧姓爭》一開頭就說：「天地之道，寒涅（熱）燥濕，不能並立」，必須是相養而成。

另外，在陰陽二者間之相互轉化的過程，是以「極而反，盛而衰」的規律進行的。《經法‧道法》：「故唯執〔道〕者能上明於天之反」，其中「反」，即是「返」，也就是說：天道運行的規律是終而復始的。《十大經‧正亂》也說：「涅（淫）洫（溢）〔即〕失，豐而〔為〕〔殺〕。」《經法‧四度》亦說：「如燔如卒，事之反也；如繇如驕，生之反也。」都是在說明：事物發展到了極點，就會走向衰落。《十大經‧姓爭》又說：「天道環〔周〕，於人反為之

客。……可作不作，天稽環周，人反爲之〔客〕。」也在說明天道的運行是採取一種循環反覆的方式，如果人能夠掌握天道運行的方式，那麼就能在天道運行中反客爲主；相反的，如果違反天道的運行，那麼將處於被動的地位。

另外，《經法・四度》：

> 毋〔止生以死〕，毋禦死以生，毋爲虛聲。聲溢（溢）於實，是胃（謂）減名。極陽以殺，極陰以生，是胃（謂）逆陰陽之命。極陽殺於外，極陰生於内，已逆陰陽，有（又）逆其立（位）……當者有〔數〕，極而反，盛而衰，天地之道也，人之李（理）也。逆順同道而異理，審知逆順，是胃（謂）道紀。

文中認爲生死、名實、陰陽都是以一種循環的方式進行著，而且在相對的二者之間，存在著互涵的轉化。「天當有定數，這就是至極時就開始走向反面，盛極時就開始走向衰落。這不僅是天地自然的規律，也是人類社會的規律。逆、順兩種陰陽定律都同樣是天道決定的，但人類相應的對策卻不同，詳細地辨明逆、順兩種定律，這就是在總體上把握了道的準則。」〔註 89〕其中，逆的定律是：「極陽以殺，極陰以生，是胃（謂）逆陰陽之命。」在陽氣極盛時，反有陰氣孕育著；在陰氣極盛時，卻有陽氣萌生著。而順的定律則是：「極而反，盛而衰」。合逆、順兩種定律，《四經》的陰陽觀有以下幾個特性：

（1）天地之間有一定之規律——陰陽之流行。

（2）陰陽之間有循環反覆的現象。

（3）陰陽二者之間是相涵相蘊，而且是相互浸漸取代。

四、莊子的自然哲學

莊子認爲道是宇宙變化的客觀規律，萬物都是循著這個客觀規律運動而呈現出來。這個客觀規律透過氣的流轉變化而周流不息，反覆終始，不知端倪。而這宇宙萬物不斷變化的過程，卻都是自然而然的形成。如以道觀之，都是一種自然的造化。莊子的自然哲學有以下幾個特徵：

（一）大道周流

莊子認爲道渾然爲一，無所分別，但卻在不停的周流，沒有終始，猶如環中。萬物在大道的流行之中，也無始無終，沒有所謂整全與分散，也沒有

〔註89〕陳鼓應，《黃帝四經今註今譯》，頁 167。

所謂成功與毀壞，整全、分散、成功、毀壞，都是大道流行的一種呈現。而人也沒有所謂生死，人所謂的生死，只是大道所呈顯出來的型態有所不同罷了，就猶如一年的四季，春夏秋冬的流轉一般，因此莊子視死生如一，「不知悅生，不知惡死；其出不訴，其入不距；翛然而往，翛然而來而已矣。」（《莊子‧大宗師》）對於大道的周流，莊子用人身最切要的問題——生死，作了一些比喻，在《莊子‧大宗師》中說：

> 彼以生爲附贅懸疣，以死爲決疯潰癰，夫若然者，又惡知死生先後
> 之所在！假於異物，託於同體；忘其肝膽，遺其耳目；反覆終始，
> 不知端倪。

文中認爲生死只是大道周流在人身上的一種形式，人只是藉由不同的物質，聚合而成的一種形體，所以，莊子把人的生死比作晝夜的輪替，甚至就猶如白駒過隙一般，只是大道流行過程中的一個瞬間罷了。《莊子‧知北遊》說：

> 直且爲人，將反於宗。自本觀之，生者，喑醷物也。雖有壽夭，相
> 去幾何？須臾之說也，……人生天地之間，若白駒之過郤，忽然而
> 已。注然勃然，莫不出焉；油然漻然，莫不入焉。已化而生，又化
> 而死，……不形之形，形之不形。

莊子認爲人只是暫時爲人，不久就要返歸本宗。從本源上來看，所謂生命，只是氣聚而成的物體。人活在天地之間，只是頃刻之間而已。萬物蓬勃的出生，然後又是蕭條的死去。先是變化而出生，接著變化而死亡。由無形變成有形，由有形返回無形。莊子認爲天地之間的萬物都是大道「以不同形相禪」，用不同的形體遞相變化，都是不停的在流轉所表現出來的種種形式。

（二）陰陽的流行

莊子認爲大道展現在萬物之間的周流，是透過天地的陰陽二氣之流行。萬物的生成、發展、死亡是陰陽二氣的運動不息所展現出來之現象。《莊子‧至樂》說：

> 雜乎芒芴之間，變而有氣，氣變而有形，形變而有生，今又變而之
> 死，是相與爲春秋冬夏四時行也。

成玄英疏：「大道在恍惚之內，造化芒昧之中，和雜清濁，變成陰陽二氣；二氣凝結，變而有形；形既成就，變而生育。且從無出有，變而爲生；自有還無，

變而爲死。而生來死往，變化循環，亦猶春秋冬夏，四時代序。」〔註90〕成玄英詮釋莊子的意思說：大道在若有若無、恍惚無形之中，凝聚而成陰陽二氣，陰陽二氣在芒昧之中雜揉而成各種形體的生物，而生物從有生命慢慢的演變到死亡，就猶如隨著春夏秋冬四時的節序往前推移一般，都是自然的形成、自然的造化，生命只是大道流行過程之中的一種現象罷了。文中說明大道的流行是透過陰陽二氣的和合所產生出來的。陰陽二氣調和，則萬物循序而生。

另如《莊子·田子方》又說：

> 至陰肅肅，至陽赫赫；肅肅出乎天，赫赫發乎地；兩者交通成和而物生焉。或爲之紀而莫見其形。

成玄英疏：「肅肅，陰氣寒也；赫赫，陽氣熱也。近陰中之陽，陽中之陰，言其交泰也。陽氣下降，陰氣上昇，二氣交通，遂成和合，因此和氣而物生焉。」〔註91〕文中說：天地之間，最大的陰氣來自天，由天上靜靜的緩緩下降；最大的陽氣發自地，從地上動盪的往上升騰。天地的這兩股陰陽之氣「互相交通融合而各物化生，或爲萬物的規律，卻不見形象」。〔註92〕《莊子》原文是藉著孔子去會見老子，卻看到老子「慹然似非人」的模樣，感到驚訝、困惑而發問。然後透過老子的回答引出「萬物的原始境界」，再對「萬物的原始境界」加以說明，然而莊子又說這種境界很難說明。很難用心去理解，也很難用言語確切的去表達，最後還是勉強試著說個大概的情形。這「萬物的原始境界」是經由天地二股陰陽之氣動盪交通和合而產生萬物的規律：陰陽消息、死生盛衰、日遷月移……，這種規律終始無端，而又循環不已，沒有窮盡。

（三）萬物的循環

莊子認爲萬事萬物都在不停的變化，而且一切的物類都在這之中變化轉換，循環反覆，沒有止境。〔註93〕以人而言，則說「方生方死，方死方生」（《莊

〔註90〕〔清〕郭慶藩，《莊子集釋》（臺北：木鐸出版社，1982 年），卷 6 下，頁 615。

〔註91〕〔清〕郭慶藩，《莊子集釋》，卷 7 下，頁 713。成疏此說不通，若至陰肅肅出乎天，至陽赫赫發乎地，而陰氣上升，陽氣下降，則陰陽二氣上下不交，是無法如莊子所說的「兩者交通成和而物生焉」。本文在後面與《彖傳》的比較中另有解說，請參閱。

〔註92〕陳鼓應，《莊子今註今譯》（臺北：臺灣商務印書館，1991 年），冊上，頁593。

〔註93〕張默生說：「莊子也是主張萬物變化說的人，他認爲一切的物類，都是在這個宇宙的有機體中變來變去，而永無止境。他說宇宙的本體就是道，道就是自然，自然就是時間與空間交錯而成的宇宙。萬物在這自然的時空中，不住的

子‧齊物論》），生死不停的循環；以物而言，則說「物之生也，若馳若驟，無動而不變，無時而不移」（《莊子‧秋水》），不時地在變化；以物類而言，則說「萬物皆種也，以不同形相禪。始卒若環，莫得其倫，是謂天均。」（《莊子‧寓言》）物種與物種之間，不停的在輪轉，無始無終，如環之無端，莊子稱這種現象叫做「天均」。

另外，《莊子》又說：

> 特犯人之形而猶喜之，若人之形者，萬化而未始有極也，其爲樂可
> 勝計邪！（〈大宗師〉）

> 今彼神明至精，與彼百化，物已死生方圓，莫知其根也。（〈知北遊〉）

莊子把人的存在，認爲是大道流行的萬化之中，偶然所得到的形體而已。在大道的流行中有千變萬化的各種形體，人與物、物與物之間，在大自然中常常在自由的轉化：人變化成鼠肝、變化成蟲臂、人之左臂變化成雞、右臂變化成彈、尻骨變化成車輪、精神變化成馬、鯤變化成鵬……。而在這種種的變化之中，莊子認爲都是一種「始卒若環」，終始循環的變化。

就個體事物而言，《莊子‧天地》說：

> 泰初有無，無有無名；一之所起，有一而未形。物得以生，謂之德；
> 未形者有分，且然無閒，謂之命；留動而生物，物成生理，謂之形；
> 形體保神，各有儀則，謂之性。性修反德，德至同於初。

莊子認爲萬物從「無」化而爲「有」，從「一」而「未形」而「德」而「命」而「形」而「性」，最後又由「性」返回到「德」，再返回到「泰初」。就個體而言，是一種終始循環的變化。

另外，就物種與物種之間的變化，《莊子‧至樂》說：

> 種有幾。得水則爲㘩，得水土之際則爲蛙蠙之衣，生於陵屯則爲陵
> 舄，陵舄得鬱棲則爲烏足，……人又反入於機。萬物皆出於機，皆
> 入於機。

這一段文字充分表現出《莊子》物種循環「始卒若環」的觀念。文中若以個別物種之演化而言，可以說是「荒唐之言」、「無端崖之詞」。但如果就莊子自己所說：「不以觭見之也。以天下爲沉濁，不可與莊語，以卮言爲蔓衍，以重言爲眞，以寓言爲廣。」（《莊子‧天下》）不要以一端之見去詮釋它，〔註94〕

變化，這便是他的『物化說』。」《莊子新釋》，頁47。

〔註94〕〔宋〕林希逸說：「不以觭見者，其所見不主一端也。」《莊子口義》（臺北：

莊子只是用寓言的方式去推演他「萬物皆出於機，皆入於機」，萬物變化的一種輪轉理論而已。〔註95〕

（四）天道自然

莊子認為宇宙萬物是由道所生成，道對宇宙萬物具有主宰性。然而這種主宰性，並不是有意志的主宰，而是在表明道是萬物生成的總原理而已。萬物之所以化生，仍歸於是「自然如此」。〔註96〕大道造化天地萬物，只是自然而然的產生天地萬物，而天地萬物的成形、生長、死亡，也都是自然的流行。莊子藉著天籟的寓言，說「使其自己也，咸其自取」，萬竅怒號發出千差萬別的聲音，都是各個竅孔的自然狀態所致。任其自然，就是天籟的顯現。莊子在一些篇章裡都表達了這樣的觀點，如：

> 天之自高，地之自厚，日月之自明。（〈田子方〉）

> 天地固有常矣，日月固有明矣，星辰固有列矣，禽獸固有群矣，樹木固有立矣。夫子亦放德而行，循道而趨，已至矣。（〈天道〉）

《莊子·天道》中藉由老子告誡孔子說：天地、日月、星辰、鳥獸、花木……本然如此，都有它們一定的狀態、常道，各個事物間的大小、美醜、善惡，都是人類用自己的成心去加以分別。其實萬物都是「道行之而成，物謂之而然」的自然呈現，只要依著自然而行，那麼萬物都將是大道周流的一種顯現。對此，王德有曾有精闢地論述：

> 莊子所謂的大道在天地萬物生成之後浸透在了天地萬物之中，它就是天地萬物的自然本性。天地萬物自然而然地順著自己的自然本性運動變化，這就是遵循大道；人自然而然地順著自己的自然本性運行靜止而且自然而然地順著天地萬物的自然本性運動變化，這就是融入了大道。用一句簡單的話來表述，那就是「融於大道，就是融

弘道文化事業有限公司，1972 年），卷 32，頁 20 上。

〔註95〕張默生說：「他這種說法，頗有『輪化論』的傾向，不能說到進化或退化。」《莊子新釋》，頁 48。

〔註96〕陳鼓應說：「道產生天地萬物，并運作天地萬物。但莊子的道和宗教的上帝卻迥然不同，道乃是終極的實在，它不僅是非人格化的，而且非主宰性的。老子的哲學充分發揮了道的『自然無為』的性格。道生長萬物、養育萬物，使萬物各得所需，各適其性，而絲毫不加以主宰……。道的創造過程是絲毫不含有意識性的，也絲毫不帶有目的性的……，這個觀點為莊子學派所繼承，對於天地萬物生長發展，從自然的觀點加以解釋……，他們所重視的，乃是道的自然性與自發性。」《老莊新論》，頁 188～189。

於自然；合乎大同，就是合乎自然。」〔註97〕

這一段話可以用來說明莊子的自然哲學。宇宙的本體就是道，道生成了天地萬物，然後又內在於萬物之中，而天地萬物之周流變化又是遵循著道的客觀規律而運行，而此客觀規律是自然而然的。所謂「道法自然」，表示的是道運行規律的法則，就此而言，道就是自然。

五、《象傳》與《老子》、《黃帝四經》和《莊子》的比較

（一）相近處

《象傳》與《老子》、《四經》、《莊子》都認為天地間的運行有一定的規律，而此運行的規律，即是透過陰陽二氣的交感流形，所呈現出一種終始循環的現象。

（二）相異處

1、天地間運行地規律

《象傳》觀察到天地間的運行存在一種客觀的規律，《象傳》即是用這種規律作為進退行止的依據，也就是「推天道以明人事」，然而《象傳》並沒有進一步探討這種規律之依據，也就是側重其「用」，而不重其「體」。反觀老子，則體用並重。老子強調道的運行規律，除了天、地、人都必須依循此規律之外，更進而重視「歸根曰靜，是謂復命」、「載營魄抱一」、「滌除玄覽」的工夫，其用意在將生命復歸於道體。而莊子雖然論述了天地如何運行、生命如何轉化，然而他只是隨順著變化，因為他重視的是在「化」之中「不化」的生命主體。其次，《象傳》重視的是天地這個層次，而老子重視的是道，莊子所重則是在人真實的生命。

2、陰陽的流行

《象傳》的「天地交而萬物通」，其中天主陽、主剛，地主陰、主柔。如以乾坤定位言之，則是天在上而地在下；但是如果以天地的運行言之，則須天在下而地在上，此中天、地只是表示陽、陰之氣，而非是天地之形。陽在下而陰在上，如此則陽氣上升而陰氣下降，二者始能交通和合產生萬物。次觀莊子，雖然一樣是陰陽二氣「兩者交通成合而物生焉」，但是莊子卻認為「至

〔註97〕王德有，《以道觀之——莊子哲學的視角》（北京：人民出版社，1998年），頁352。

陰」出乎天，而「至陽」出乎地，此中天地陰陽屬性的觀念與《象傳》正好相反。或者可以說：《象傳》的天地陰陽觀念有其靜態說，有其動態說，而莊子則是直接以天地運行的動態屬性認為是天地的靜態屬性，才會形成如此相反之差異。〔註98〕

　　另外，《四經》中之《稱》說：「天陽地陰、春陽秋陰、晝陽夜陰。」在春秋時期，對於天地陰陽屬性的說法，如《國語・周語上》所載伯陽父之言曰：「周將亡矣！夫天地之氣不失其序；若過其序，民亂之也。陽伏而不能出，陰迫而不能蒸，于是有地震。」又《國語・周語下》說：夏禹之時，「天無伏陰，地無散陽」。其中都是說：「陽乃土之氣，發乎地；陰為天之氣，出乎天。」〔註99〕這二者看似相反，若以前面所論，天地的陰陽屬性有其靜態說，有其動態說，那麼這二者即可相輔而為用。

第四節　結　語

　　在萬物生成的宇宙觀方面，四者都強調其根源具有生成義、超越性、內在性及遍在性。這四者的年代先後，依序是《老子》、《四經》、《莊子》、《象傳》，在這四者之中，老、莊秉一元論，《四經》則強調萬物的本源是道，然而卻是透過陰陽的方式衍生萬物，是由一元論過渡到二元論的過程，而《象傳》認定的根源則直接採二元論；在創生的方式上，老、莊持天地與萬物一樣，都是由道直接生成，《四經》認為恆定一氣化為陰陽，由陰陽化生萬物，《象傳》則認為萬物是透過天地陰陽所創；在根源的特性上，老、莊所說的道，是一實有的存在，《四經》用氣代替道，界於抽象與實有之間，而《象傳》

〔註98〕這裡牽涉到《象傳》作者與《莊子》作者及其年代先後問題，《象傳》作者年代界於孟、荀之間，即是在莊子之後。然而《莊子》論及陰陽流行的篇章都在外篇，關於《莊子》內、外、雜篇作者的認定，除了任繼愈：「外、雜篇反映的基本思想是莊子的思想。……所以，內篇不是莊子的著作，它是后期莊學的作品。」《中國哲學發展史・先秦》（北京：人民出版社，1998年），頁384。其餘學者如崔大華的考證，一般都認定內篇是莊子本人的著作，而外、雜篇是莊子弟子及後學所作。參閱《莊學研究》，頁52～103。由一般學者的認定，那麼《莊子》論及陰陽流行的外篇作者即與《象傳》作者年代相當接近，無法分辨其先後。因此，本文不論此二者間是誰的思想影響了對方。

〔註99〕龐樸，〈陰陽：道器之間〉，《道家文化研究》（台北：文史哲出版社，2000年），第5輯，頁3。

所指稱的「乾元」和「坤元」中之「元」，則已經是一種抽象的表徵。由此可知，從《老子》到《四經》到《象傳》似乎存在著發展的軌跡，由一元論推向二元論，由實有推向抽象，由道推向氣。

在天道流行的宇宙規律方面，四者都認為天地的運行是一種客觀的規律，這個規律是透過陰陽的流行交感，而呈現出盈虛消長，終始循環的現象。但是在這之中，老、莊思想的核心是「以人合道」，再用道的規律以論人事，然而其所重在「天」，所以《荀子》說他們「蔽於天而不知人」，《四經》則說可道者，唯有人道，它所推衍出的天地定則，是要人們遵守、運用以趨利避害，而《象傳》「推天道」也是為了「明人事」，這裡明顯有由天漸趨到人的趨勢。而《象傳》中「天行」的概念，最早是見於《十大經·正亂》：「夫天行正信，日月不處，啟然不台（怠），以臨天下。」這種「天體或自然的運行變化及其規律，這正是道家自然哲學上的重要概念。」〔註100〕

由以上的比較中可以看出：《老子》、《四經》和《象傳》之間存在著發展的趨勢，然而其所重卻已漸進轉移。由此推論：《象傳》應是主要受到《四經》觀點的影響，以黃老的思想去詮釋《周易》經文，又因為受到詮釋文本的限制，所以才會產生其間的差異。

《周易》本是占筮之書，占筮的原理是透過媒介以傳達神靈的旨意以行事，其重在人事。而《象傳》原是解《易》之作，然而《象傳》因為融攝、吸納了黃老思想，因此將《易》中人格神的天轉化成形上的天，將有意志的旨意轉化成無意志的天道運行的規律，〔註101〕這無疑是《象傳》在《易》學的提昇上最大的貢獻。

《象傳》因為受到六十四卦這個範圍的限制，所以只能從中去做解釋，也因此只能從乾卦和坤卦去衍生出其他六十二卦，而無法直接用老、莊所謂的道去詮釋天地的生成。老、莊實在存有的道，在六十四卦中沒有安置的空

〔註100〕陳鼓應，〈先秦道家研究的新方向〉，《道家文化研究》，第6輯，頁33。

〔註101〕白奚說：「《四經》中曾出現過『天之命』的提法，但與儒家所謂『天命』不同，而是解釋為『必』：『必者，天之命也』（《經法·論》），即自然界的運動所表現出來的非人力所能抗拒的必然性和規律性。將『天之命』解釋為『必』，此『天』便不是有意志的人格神，而是自然之天了。《四經》對這種客觀的必然性或規律性極為重視，強調人的行為必須順應自然，符合天道、天理，遵循天時。這種對待天人關係的態度是道家學派共持的觀點。」《稷下學研究——中國古代的思想自由與百家爭鳴》，頁118。而《象傳》正是以天地運行必然之規律解釋「天」，這裡明顯是受到黃老學派《黃帝四經》的影響。

間，所以只能用抽象的「元」去解釋乾與坤所以能夠化育天地萬物的原理。然而卻無法用「元」直接生化萬物，衍生乾坤與其餘的六十二卦。這是因為受到詮釋文本的限制，所以才會有這些觀點上的差異。

　　《象傳》之所以會出現道家天道觀的思惟，或許誠如梁啓超所謂的「時代思潮」──「凡文化發展之國，其國民於一時期中，因環境之變遷，與夫心理之感召，不期而思想之進路，同趨於一方向，於是相與呼應洶湧，如潮然。」〔註102〕在戰國中晚期，經過長期的戰亂征伐，人民所渴望的是平靜的、能夠安居樂業的生活，這樣的生活必須建立在大一統的政局下才有可能。

　　而思想永遠是往前進的，不論是闡述以前的言論，或是提出的一些新的觀點，無非都是希望現世能夠更安定、更繁榮、更富庶，而這個「希望」表達的就在可見的未來。每一個人都希望安定，所以在這時期的思想家們，自然的也不約而同地顯現出這樣的特色──融合，彼此間思想的相互融攝、吸納，冀能形成一個更為完善的，可供為政者參考施政的指導原則。

　　所以，從戰國中期的孟子、莊子以後，幾乎各家思想之間都已有「互滲」的現象。而在孟子、莊子之前，則完全沒有這種相互影響，其思想都是純之又純的：孔子就是孔子，其主張就是以仁、禮為架構建立起來的政治模式；孟子就是孟子，他主張推其不忍人之心以行其不忍人的仁政，這之中沒有道家的成分，也沒有陰陽、名家或是其他學家的成分；老子、莊子也是一般。《老子》書中有一半的篇幅都在談為政之道，建立在道的自然無為之上；莊子則明確地在闡述他的心靈哲學。而成書在戰國後期的《象傳》，正逢思想融合的「時代思潮」，所以在天道觀方面，雖然表現出稷下黃老道家的基本思惟，我們也只能說這是戰國後期的思想特色而已。

〔註102〕梁啓超，《清代學術概論》（上海：上海古籍出版社，2000年），頁1。

第四章　倫理思想析論

　　本章從春秋戰國時代思想家們所重視和所欲建構的倫理思想命題，分別從（1）人性問題，即道德起源的問題（2）道德最高原則與行為規範的問題（3）道德的本源問題（4）道德的評價問題（5）道德修養的問題（6）道德的必然性和自由的關係問題等，對《象傳》的倫理思想進行探析，再與儒學系統中孔孟的觀點以及《郭店楚簡》中儒簡的部分進行比較，藉以確認《象傳》的思想傾向及其思想流派。

　　經由本章的分析，發現《象傳》中這六個重要的倫理核心思想，由於其對「天」所持的宇宙論的觀點，形成他的「宇宙倫理模式」，已經近於黃老道家的中心思想。所以，由此衍生出來的性命思想、人倫思想、義利關係、意志自由問題、天人關係以及道德修養與理想人格等種種論點，都和儒學系統中孔孟的觀點有相當的差距，反而是接近於黃老道家系統的思想。

第一節　前　言

　　倫理思想在我國傳統的文化中佔有極重要的地位，孔子所亟意要恢復的「周文制度」，就是用倫理制度去鞏固政治制度，也就是所謂的「親親」和「尊尊」，透過統治者的「大宗」和「小宗」制度，像網絡般的散佈在各個統治階層，猶如神經般的往中樞傳遞，然後再由中樞發布命令控制全國各地之末梢神經。這樣的制度到了春秋時期，慢慢的崩解。隨著政權的旁落，舊貴族的沒落，以及新貴族的興起，經過整個社會政治權利的重新分配，「周文制度」已經不復存在。

在由封建制度邁入極權專制的轉關時期——春秋戰國時代，諸子百家紛紛提出取代「周文——禮樂制度」的新學說，而倫理思想就是其中重要的一環。不論是儒家的孔子、孟子、荀子所提出的倫理政治精神；或是墨家所提出的社會倫理；或是道家的老子、莊子所提出的人性道德思想；或是法家的管仲所提出的道德規範、韓非所提出的非道德主義之政治制度，無不是在倫理思想範疇內提出各自的主張。由諸子百家所提出的倫理思想，我們可以看出，在春秋戰國時期，這些思想家們所重視的和所欲建構的倫理思想，大致上有以下幾個命題：

（1）人性問題，即道德起源的問題：在倫理思想中是確立道德準則、道德教育和修養方法的出發點。

（2）道德最高原則與行為規範的問題：道德的中心思想以及在各種人際之間所應遵循的行為規範。

（3）道德的本源問題：道德是根於「天意」、「天命」，或是基於人間關係所形成出來的。

（4）道德的評價問題：道德原則和物質利益的關聯，由此形成「義利之辨」和「理欲之辨」的問題。

（5）道德修養的問題：如何提高人的道德品質，包含有道德教育和個人如何修養的問題。

（6）道德的必然性和自由的關係問題，即「力、命」、「義、命」的問題，也就是道德主體的自覺與客觀必然性的關係問題。

《象傳》成書於戰國後期，雖然明顯的是解《易經》的著作，但是仍然脫離不了時代的課題，在倫理思想方面提出其個人的看法，以下即就其倫理思想中之主要命題，與相關之儒、道各家作逐一之分析、比較。

第二節　性命思想

性命問題是中國倫理思想中最重要的也是最基本的命題之一，因為凡是關於倫理思想，不論是道德的本源問題，或是道德的評價，行為的規範，或是道德的必然性和自由意志的問題，甚至連教育的原理問題等，無不都是根源於對性命問題的認知。所以即使同是儒家的孔、孟、荀，由於其對性命的認定不同，因此所衍生的許多理論也都有所不同，更遑論是不同學派所形成

的差異。所以本文首先就此問題加以探析，亦可從中看出《彖傳》思想的中心理論及其與他家思想的異同。

一、《彖傳》的性命思想

《彖傳》一開始解《易》，就出現了「性命」之說，《彖・乾》說：

> 大哉乾元！萬物資始，乃統天。雲行雨施，品物流形。大明終始，
> 六位時成，時乘六龍以御天。乾道變化，各正性命，保合大和，乃
> 利貞。首出庶物，萬國咸寧。

《彖傳》的這一段是解《易・乾》：「元亨利貞」的文字，然而《易・乾》卦辭的原意是說：始祭時，此時的占卜是吉利的。〔註1〕高亨將卦爻辭的性質分成四大類：記事之辭、取象之辭、說事之辭、斷占之辭。〔註2〕此卦卦辭明顯是就事問占所得的結果，而《彖傳》則透過對「乾」和「元亨利貞」的闡釋，來表達其個人的思想。此段歷來加以解釋的學者極多，大致上不外是象數和義理二種。朱伯崑提出《易傳》分別有占筮上的語言和哲學上的語言，不能偏廢。如僅就其一加以闡釋，必定是偏於一隅。〔註3〕本文僅就其思想加以探討，至於占筮上的含意，請自行參見諸家學者所說。

《彖傳》以「乾」代表「天」，「乾道」在哲學上的意義指的就是「天道」。〔註4〕萬物得乾元以生，所以乾卦之元，是一種天德的表徵。因此，徐復觀釋「乃統天」的「統」，為「合」字解，說「即乃合於天之意」。〔註5〕「雲行雨施，品物流行」，雖然說的是乾元之德生育萬物具體呈現的情形，然而卻也說天道在萬物之中周流不息，所以其下說：「乾道變化，各正性命。」此中的「性命」義，孔穎達認為「性者，天生之質，若剛柔遲速之別；命者，人所秉受，若貴賤夭壽之屬是也。」〔註6〕即是說：性與命都是上天所賦予生命的本質，而其中每一個人的才性不同，因此剛柔遲速、貴賤夭壽也都有所別。然而，不論是蟲魚鳥獸，就其本源處說，都是天道的流行。就此，朱熹曾有所闡發說：

〔註1〕　參見（1）高亨，《周易古經今注》，頁1。（2）劉大均，林忠軍，《周易古經白話解》（山東：山東友誼出版社，1998年），頁3。

〔註2〕　高亨，《周易古經通說》，頁38～86。

〔註3〕　朱伯崑，《易學哲學史》，卷1，頁55。

〔註4〕　朱伯崑，《易學哲學史》，頁101。

〔註5〕　徐復觀，《中國人性論史・先秦篇》，頁205。

〔註6〕　〔唐〕孔穎達，《周易正義》，卷1，頁7。

「『大哉乾元，萬物資始』，誠之源也。」此統言一個流行本源。「乾
道變化，各正性命」，誠之流行出來，各自有箇安頓處。如為人，也
是這箇誠；為物，也是這箇誠。故曰：「誠斯立焉」。譬如水，其出
只一源，及其流出來，千派萬別，也只是這箇水。〔註7〕

文中朱熹引用《中庸·21章》「自誠明，謂之性；自明誠，謂之教。誠則明矣，
明則誠矣」闡釋說：天道純醇至善，其所變化流行，不論是在於人之性，或
是在於物之性，總是這個純醇至善的天道的衍化，也都無有不善，譬如泉源
一般，不論其源遠流長，總是此源頭的水。朱熹用「理一分殊」的理論，說
明事事物物皆各有理，而且各事事物物之理，總的來說，也只是一個理。另
外，又用稻苗的生成為喻，來說明事事物物所具有之性，也就是天地間渾淪
之理的流行。

所謂「乾道變化，各正性命」，然總又只是一箇理，此理處處皆渾淪。
如一粒粟，生為苗，苗便生花，花便結實，又成粟，還復本形。一
穗有百粒，每粒箇箇完全。……初間只是這一粒分去，物物各有理，
總只是一箇理。〔註8〕

朱熹用稻穀「一穗有百粒，每粒箇箇完全」，說明天道變化流行所形成的萬物，
其所稟賦之性，與天道原初之性無有不同。也就是說萬事萬物所秉持之性，
就是天道的整全。而天道是純醇至善，所以人、事、物之性也是至善的。換
句話說，事事物物之理，就是天之理，本無有所不同。從另一個角度而論，
事事物物本就是天理的呈顯，事事物物之性皆得自天道之正，都是天道的流
行。此中強調一「正」字，就此，一些學者分別提出他們的看法。茲先列舉
如下：

高亨認為是：

「各正性命」的主語是萬物。性，屬性；命，壽命。萬物如人與鳥
獸蟲魚草木等接受天道變化之支配，適應天道變化而運動，各得其
屬性之正，如鳥能飛、魚能游。亦各得其壽命之正，如蜉蝣壽短、
龜鶴壽長。故曰：「乾道變化，各正性命」。〔註9〕

〔註7〕 〔宋〕朱熹，《朱子語類》（台北：漢京文化事業有限公司，1980年），卷94，
頁21。
〔註8〕 〔宋〕朱熹，《朱子語類》，卷94，頁8。
〔註9〕 高亨，《周易大傳今注》，頁43。

朱伯崑則說：

> 「乾道」，就哲學意義說，指天道，即天時，氣候變化的法則。「各正性命」，其哲學意義是，萬物因天道之變化，各得其應有的本性和壽命。〔註10〕

牟宗三認為：

> 但是「天命」之性，無論如何，卻總是道邊事（故曰：「率性之謂道」），總是一種超越意義之性、價值意義之性。《易經・乾象》：「乾道變化，各正性命」，也就是貞定這種性。〔註11〕

徐復觀的看法是：

> 「萬物資始」的「始」，與「生」同義。萬物得乾元以生，所以乾卦之元，實與天相合，亦即是天德之徵表。「乃統天」之「統」，應作「合」字解，即乃合於天之意。「雲行雨施，品物流行」，是說明乾元之德，在生育萬物時，具體實現的情形。這種具體實現的情形，亦即是下文的所謂「乾道變化」。「乾道變化」的「變化」，實即《繫辭》所謂「生生之謂易」的「生生」，也即是《論語》孔子所說的「四時行焉，百物生焉」。萬物既由乾道之變化而來，則萬物實即乾道（元）之分化。萬物既皆係乾道之分化，則乾元即具備於「萬物流行」之中；於是萬物所自來之命，及由命而來之性，亦與乾元是一而非二，而自無不正，此即所謂「各正性命」。〔註12〕

根據以上學者的說法，天地間的萬物都是由天道變化而來，而且其由天道所自來之命以及由天道所自得之性，本是得自天道之正，是「天命實體之下貫于個體而具于個體」，〔註13〕所以《繫辭》說「繼之者，善也；成之者，性也。」基本上是對「乾道變化，各正性命」確切的詮釋。此句應是互文，其意是說：道透過一陰一陽相互之間的作用，化育萬物。萬物在道創生的過程，繼之而成者，事實上都是道的作用。萬物皆得自天道所來之理，也因此萬物由天道所得來之性與命，也都是天理之善。而尋常百姓在日用之間，不知其自天道所自來之性是完善的，而各自從不同的角度去詮釋它，因此有性善之說、有性惡之說、有

〔註10〕 朱伯崑，《易學哲學史》卷1，頁101。
〔註11〕 牟宗三，《中國哲學的特質》（台北：台灣學生書局，1980年），頁58。
〔註12〕 徐復觀，《中國人性論史・先秦篇》，頁205。
〔註13〕 盧雪崑，《儒家的形上學與道德形上學》（台北：文津出版社，1991年），頁85。

知之德、有仁之德,「仁者見之謂之仁,知者見之謂之知」,殊不知「性」與「命」,都是天德的流行。所以,此中的「命」是一種命定義,無論是富貴窮達或是年壽的短長,都是得自天道自然的變化,而此命定是天道之所賦予,是得自天道之正。由上而論,其人性論是主張性善說,但是這個「性善」論,不同於儒學系統中孔孟的思想,反而是接近於道家莊子的思想。

二、孔子的性命思想

在儒家系統中,孔子重視的是恢復周文的禮樂制度,把禮樂收歸於仁,重在人心的自覺。關於「性與天道」,則連子貢之徒都不可得而聞。至於「命」,亦為孔子所罕言,在《論語》中論及命之處,有以下幾則:

> 《論語‧雍也》:「伯牛有疾。子問之,自牖執其手,曰:亡之,命矣夫。」

> 《論語‧顏淵》:「司馬牛憂曰:人皆有兄弟,我獨亡。子夏曰,死生有命。」

> 《論語‧憲問》:「子曰:道之將行也與?命也;道之將廢也與?命也。公伯寮其如命何?」

> 《論語‧堯曰》:「子曰:不知命,無以為君子也。」

上舉所論都是就生死、富貴、貧賤、利害等而說命,徐復觀說:「《論語》上凡單言一個「命」字的,皆指運命之命而言。」〔註14〕因為運命存在著太多外在因素,不是盡其在我即可扭轉與改變,所以孔子對運命抱持著不爭辯其有無,也不讓其影響到自我循理之生活,而採取一種聽其自然之「俟命」的態度。但是如果提到「天命」、「天道」,則是出之以敬畏、承當的態度。《論語‧為政》說:「五十而知天命」、《論語‧季氏》說:「畏天命」。至於「性與天道」,則如子貢所說的「不可得而聞」。

三、郭店儒簡的性命思想

1993 年在荊門市出土的《郭店楚墓竹簡》,其成書年代在《孟子》成書之前。〔註15〕《郭店楚簡》共有 18 篇,其中有 4 篇是道家的著作,儒學有 14

〔註14〕徐復觀,《中國人性論史‧先秦篇》,頁83。
〔註15〕龐樸說:「其成書年代,應與子思(公元前483?~402?)孟子(公元前380?

篇。儒簡的作者，本文依一般學者考證的歸納性成果，設定爲孔門弟子或再傳弟子，〔註16〕是孔子到孟子之間重要儒者的學術著作。在這批儒簡中，明確討論了性命的觀點，這可以說是孔子弟子或再傳弟子的人性論思想。

儒簡認爲人的本性就是自然的人性，《性自命出》說：「四海之內，其眚（性）一也。」（簡9）〔註17〕聖人的本性和一般人的本性是沒有什麼差別的。這裡的「一」並不是一致或是等同、齊一性，而是如孔子所說的「相近」，指的是人的「共性」而不是「殊性」或是「人的價值根源」；這裡的「性」是指經驗層面而不是超越層面，是指生理的自然人性而不是形上的道德心性，所以《成之聞之》說：「聖人之眚與中人之眚，其生而未又非之節於而也。」（簡26）、「此以民皆又眚而聖人不可莫也。」（簡28）簡文認爲聖人和一般人，他們原初的人性並沒有什麼差別，聖人之所以爲聖人，是因爲後天的努力修爲，並不是天生爲聖人。而人性是人人皆有的，也人人相同的，因此凡人應是「求之於己」而不應去羨慕聖人。〔註18〕這裡說聖人和一般人原初的本性沒有什

～300？）的年代相當，至少也在《孟子》成書之前。」〈孔孟之間——郭店楚簡中的儒家心性說〉，《郭店楚簡研究——中國哲學第20輯》（瀋陽：遼寧教育出版社，2000年），頁24。此書後文簡稱爲《中國哲學》，第20輯。李學勤說：「由考古學的證據看，郭店一號墓是戰國中期後段的，其具體年代，可估計爲公元前四世紀末，不晚於公元前300年。」〈郭店楚簡與儒家經籍〉，《中國哲學》，第20輯，頁18。

〔註16〕關於郭店儒簡作者的考辨：（1）李學勤認爲「是子思一派」，〈先秦儒學著作的重大發現〉，《中國哲學第20輯》，頁15。（2）姜廣輝說：「《郭店楚墓竹簡》中《唐虞之道》、《緇衣》、《五行》、《性自命出》、《窮達以時》、《求己》（原題《成之聞之》前半部）、《魯穆公問子思》、《六德》諸篇爲子思所作。」〈郭店楚簡與《子思子》——兼談郭店楚簡的思想史意義〉，《中國哲學》，第20輯，頁82～88。（3）郭沂認爲除《語叢》四篇爲墓主札記外，「其餘都出自子思和子思門人之手。」《郭店竹簡與先秦學術思想》（上海：上海教育出版社，2001年），頁24～26。（4）廖名春將儒簡分爲三類，認爲：「第一類是孔子之作，第二類是孔子弟子之作，第三類是子思及其弟子所作。」〈荊門郭店楚簡與先秦儒學〉，《中國哲學》，第20輯，頁69。（5）丁四新認爲：《五行》「很可能是世子之作」，另外，「思孟學派與世碩諸儒皆可能是《性自命出》的作者，其中子思與世子的可能性較大。」《郭店楚墓竹簡思想研究》（北京：東方出版社，2000年），頁167、209。綜合以上學者所辨證的結果，儒簡作者爲子思或世碩可能性最大，縱使有其他說法，也只是在孔門弟子之間的小差異，仍然是從孔子到孟子之間重要儒者的學術著作。

〔註17〕本文引用《郭店楚墓楚簡》文字的釋文，係根據荊門市博物館，《郭店楚墓竹簡》（北京：文物出版社，1998年）。後文只在引文後夾注簡數，不再加注說明。

〔註18〕廖名春認爲此段文意應該是說：「聖人之性與一般人之性生來并沒有什麼不

麼差別，所說的也是指自然的人性。〔註19〕

　　楚簡把眚定義爲生而具有的生命的本能，這樣的生命本能，諸如求生、避害、飲食、男女等，本無所謂善惡。〔註20〕這樣的眚，其內涵可分爲二類：血氣和心知。這樣的血氣和心知具有發展性，成年的血氣並非嬰孩原初的血氣，成年的心知也並非是嬰孩原初的心知。血氣的發動，一定是經由與外境的接觸，然後才會外現，所以《性自命出》說：「喜怒哀悲之氣，眚也。及其見於外，則物取之也。」（簡 2）這裡將「喜怒哀悲之氣」定義爲眚的內涵，當然眚的內涵不只是喜怒哀悲之氣。喜怒哀悲之氣，就氣言，是屬於一種血氣；〔註21〕就喜怒哀悲言，則是一種情。合而言之，即是一種情氣，儒簡認爲喜怒哀悲這些情氣就是眚。

　　喜怒哀悲之氣，是一種血氣的發動，所以《語叢一》說：「凡有血氣者，皆有喜有怒，有愼有□。」（簡 48）而喜怒是緣於好惡，所以《性自命出》說：「好惡，眚也。所好所惡，物也。」（簡 4）好惡是因外在事物所引發，所以說是「待物而後作」。又哀樂之情是緣性而發，也就是人性的一種自然的表現，

同，只是由於後天的原因，才造成了聖人與一般人的區別。聖人不推崇性，因爲性是大家生來就有的。」〈荊門郭店楚簡與先秦儒學〉，《中國哲學》，第20 輯，頁 52。

〔註19〕陳來說：「《性自命出》的人性說，可以說正是孔子與孟、荀之間的發展型態，它所提出的性自命出的思想發展了孔子的人性論，從天─命─性─情─道的邏輯結構來討論人性的本質和作用。它主張命自天降、性自命出、情出於性、道始於情，認爲是天所賦予的是性，性就是天生的好惡，就是人的內在的喜怒哀樂之氣，喜怒哀樂之氣表現於外，便是情，情合於中節便是道。所以這種看法還是接近自然人性論，以生之自然者爲性。」〈荊門竹簡之《性自命出》篇初探〉，《中國哲學》，第20 輯，頁 304。

〔註20〕有學者根據《性自命出》：「未教而民恒，眚善者也。」提出郭店儒簡是提倡「性善說」。但是本文認爲這樣的説法並沒有普遍性。《性自命出》：「未言而信，有美情者也；未教而民恒，眚善者也；未賞而民勸，含福者也；未刑而民畏，有心畏者也。」（簡51～53）簡文既説：有「未教而民恒，性善者也」，那麼當然也會有「未教而民不恒，非性善者也」、「教而民恒，亦性善者也」、「教而民不恒，性不善者也」。從上述四種狀態中的相對語法觀之，這裡的「性善」是指「殊性」，而非「共性」，這樣所謂的「性善」，並沒有普遍性，只是必然存在於天地之間，而不必然存在於每一個人身上。

〔註21〕郭齊勇說：「從1、2 簡看（《性自命出》），性、情、心都是『氣』。在本篇中，『無定志』之心，屬於血氣的範疇，有知覺的反應。」〈郭店楚簡《性自命出》、《五行》發微〉，丁四新主編，《楚地出土簡帛文獻思想研究（一）》（武漢：湖北教育出版社，2002 年），頁 3～4。

所以《性自命出》說：「凡至樂必悲，哭亦悲，皆至其情也。哀、樂，其性相近也，是故其心不遠。」（簡 29～30），因爲是緣性而發，所以就其人性處而言，喜怒哀樂種種血氣之情，是非常接近人的本性的。

　　因爲儒簡認定血氣即是性，所以《語叢二》說：「情生於眚」、「愛生於眚」、「欲生於眚」、「智生於眚」、「子生於眚」、「惡生於眚」、「喜生於眚」、「慍生於眚」、「懼生於眚」、「強生於眚」、「弱生於眚」（簡 1～37），眚中必然涵蘊有喜、怒、愛、懼、欲、強、弱等種種的情愫，所以當「物取之也」，才會「見於外」。丁四新曾就此而論說：「《語叢》不但以情、理規定『性』，而且以欲、力來規定『性』。上引第（3）條云『欲生於性』，反推之，性中當內涵『欲』了，不然性何以能生欲？」〔註 22〕也就是說：性中當內涵有情、欲等。這樣說可以說是用情、欲等去規定性的內涵。這樣的性，明顯是落在經驗層次論，不是就超越層次而說，所以丁四新又說：「所以心性不是不受物、情、習影響的純超越之物，而正是在受物、情、習的作用而成就一眞實的人心、人性的。」〔註 23〕

　　也因此，《唐虞之道》說：「夫唯順乎肌膚血氣之情，養眚命之正，安命而弗夭，養生而弗傷，知天下之政者，能以天下禪矣。」（簡 10～11、22）〔註 24〕儒簡認爲爲政者應該要順著人民的喜怒哀樂等血氣所發生的感知感覺之情，才是涵養其性命正確的方式，也就是其後所說的「養生」。「生」所指的就是肌膚血氣，也就是眚命。這裡儒簡作者認爲「肌膚血氣之情」＝「眚命」。因爲肌膚血氣之情，是性命受外物的引動而顯現於外的，而且除卻「肌膚血氣」之外，則別無所謂「眚命」可言。所以《性自命出》說：「凡性，或動之，或逆之，或交之，或厲之，或絀之，或養之，或長之。」（簡 9～10）文中說，天下所有人的本性，原本都是一樣的，然而其後的發展之所以會有不同，是因爲每個人的用心不同，這也是因爲外在的環境教育使然。接著就說這些使性變化的手段、方法，這裡說明的是性的不定性，以及可塑性，也因此可以有多種的可能性。

〔註 22〕 丁四新，《郭店楚墓竹簡思想研究》，頁 227。簡文中的情、愛、欲、智、子、惡、喜、慍、懼、強、弱所指的是情、氣、欲，並沒有「理」，但是丁氏的解說中卻夾帶了「理」。

〔註 23〕 丁四新，《郭店楚墓竹簡思想研究》，頁 174。

〔註 24〕 「順乎」二字釋文作「□（節？）摩（乎）」，夫唯和天下二處四字原缺，又簡文整理者將此段文字分別編爲 10、11 和 22 簡，此文句綴聯及釋文依李零，〈郭店楚簡校讀記〉，《道家文化研究——『郭店楚簡』專號》（北京：三聯書店，1999 年），第 17 輯，頁 497。

而這樣會受到外在環境的刺激而有所反應的「眚」，所指的也就是血氣之性。

由上可知，儒簡所說的「性」，是指自然的人性，其所表現出來，則爲「氣」或是「情」。所以《性自命出》說：「牛生而長，雁生而伸，其眚使然」，此中的「眚」，即是指自然的生命。《語叢一》也說：「凡有血氣者，皆有喜有怒」，喜怒、好惡、哀悲皆屬於情，情源於氣，而氣則源於性，此處儒簡則直稱氣、情爲性。因爲「情生於性」、而「道始於情」（《性自命出》），「情」是「性」的直接落實、具體呈現，所以儒簡對「眚」的陶冶功夫都落在「情」上。因此，儒簡「明確地把喜怒好惡等情欲直接視爲性。」〔註25〕

因爲「眚」是自然的生命，所以，就無所謂善惡的價值判斷。所以《性自命出》說：「凡人雖有眚，心亡奠志，待物而後作，待悅而後行，待習而後奠。」（簡 1～2）這之中之「眚」，是純中性的說法，在人本質的心中並不是一定是善或一定是惡，也沒有所謂善之根源或是惡之根源，所以此簡說：「心亡奠志」。至於其有善有惡，都是緣於外物而動之後所產生出來的，並非「眚」中所具的特性，所以說：「待物而後作，待悅而後行」，善與惡對於「眚」而言，是「發生意義」而非「本質意義」。〔註26〕李學勤也認爲此簡指稱的「性」是自然的人性，就其本質而言，並沒有「性善」的主張。〔註27〕

綜上所述，郭店儒簡所指稱的「命」，在人而言是屬於第一義，是天所賦予之自然的生命，亦即是「生命」義。而「性」則是由這自然生命而發的各種氣與情，是自然生命的顯現。

四、孟子的性命思想

到了孟子，則以心善言性善，以「人之所以易於禽獸者，幾希」的仁義禮智四端之心，論定人之性是善，性善的根據落在人心上說。《孟子・公孫丑上》：

〔註25〕白奚，〈郭店儒簡與戰國黃老思想〉，《道家文化研究——『郭店楚簡』專號》，頁449。

〔註26〕勞思光說：「此即發生意義與本質意義之不同。一事之如何發生是一問題，一事有何種內含意義又是另一問題。」《中國哲學史》，卷1，頁33。

〔註27〕李學勤說：「從而『性自命出，命自天降』的『性』，便是與物性相區別的自然人性。竹簡非常詳盡地描述喜、怒、愛、思、欲、慮、智、念、強、弱等等均出於此自然之性。這裡毫無『人性善』的道德說法。」〈初讀郭店竹簡印象紀要〉，《道家文化研究——『郭店楚簡』專號》，頁414。又刊於《郭店簡與儒學研究》，《中國哲學》，第21輯，頁3。

> 孟子曰：人皆有不忍人之心，……今人乍見孺子將入於井，皆有怵
> 惕惻隱之心。非所以內交於孺子之父母也，非所以要譽於鄉黨也，
> 非惡其聲而然也。由是觀之：無惻隱之心，非人也；無羞惡之心，
> 非人也；無辭讓之心，非人也；無是非之心，非人也。惻隱之心，
> 仁之端也；羞惡之心，義之端也；辭讓之心，禮之端也；是非之心，
> 智之端也。人之有四端也，猶其有四體也。

徐復觀曾就此說：「孟子所說的性善，實際是說的『天之所與我者』的『心善』。」〔註28〕因為「心善」是「天之所與我者」，因此，心善即是性善。所以，孟子所論的性善都是用心善去證明的。

至於「命」，孟子指的是運命的命，有「莫之致而至」以及「分定」的意思。《孟子·盡心上》：

> 孟子曰：求則得之，舍則失之，是求有益於得也，求在我者也。求
> 之有道，得之有命，是求無益於得也，求在外者也。

孟子認為一個人的富貴窮達是受到外在因素的影響，並不是求則能得之的，關於這一切，孟子稱之為命。

對於「性」與「命」的關係，《孟子·盡心下》說：

> 口之於味也，目之於色也，耳之於聲也，鼻之於臭也，四肢之於安
> 逸也，性也，有命焉，君子不謂性也；仁之於父子也，義之於君臣
> 也，禮之於賓主也，智之於賢者也，聖人之於天道也，命也，有性
> 焉，君子不謂命也。

孟子在此釐清傳統的觀念，認為以前人把「口之於味也，目之於色也，耳之於聲也，鼻之於臭也，四肢之於安逸也」這些生理的本能稱作「性」，而把「仁之於父子也，義之於君臣也，禮之於賓主也，智之於賢者也，聖人之於天道也」這類道德的德性認為是「命」，就君子來說並不這麼認為。一個君子應該是把內在於人生命之中的仁義禮智等德性，認定是「性」，是可以操之在我的；而把相應於生理本能的需求所存在的外在際遇，稱之為「命」，是一種外在的力量，能對人加以限制。〔註29〕由此，孟子主張的「性」，是仁義禮智根於心的心善論；而其所謂的「命」，是一種受到外在環境的限制，〔註30〕實際上就

〔註28〕徐復觀，《中國人性論史·先秦篇》，頁171。
〔註29〕參見盧雪崑，《儒家的形上學與道德形上學》，頁41～43之辨析。
〔註30〕參見唐君毅，《中國哲學原論·導論篇》，頁525～526。

是運命的命。〔註31〕

五、莊子的性命思想

就莊學的系統而言,「性命」思想,存在著內部的發展性:從《莊子·內篇》到《莊子·外、雜篇》,也就是從莊子到莊子後學之間,其思想有著明顯的差異性。

《莊子·內篇》沒有「性」字,然而究其文意,「《內七篇》中的德字,實際便是性字」,〔註32〕《莊子·天地》說:

> 泰初有無,無有無名。一之所起,有一而未形。物得以生謂之德;
>
> 未形者有分,且然無間謂之命。

所謂「物得以生」,也就是「物得道以生」之意。莊子認為「道是客觀的存在,照理論上講,沒有物之前,乃至於沒有物的空隙處,皆有道的存在。道由分化、凝聚而為物;此時超越之道的一部份,即內在於物之中」。「歸結的說,莊子所說的天,即是道;所說的德,即是在萬物中內在化的道」。〔註33〕由是而論,「莊子認為:事物的儀則不同,本性不同,但都是得自天和道,故其本來的狀態就是最佳的狀態。」〔註34〕也就是說,道是渾淪無分的一種超越善與惡的狀態,而人之本性是得自於道的這種狀態,也就是一種純然的狀態,這種狀態是一種已然超越善惡的「至善」。

到了《莊子·外、雜篇》,在〈天地〉、〈則陽〉、〈庚桑楚〉、〈達生〉、〈繕性〉、〈駢拇〉中都論到「性」,其中常常將「性」與「德」對舉,可見到了莊子後學的時代,「性」字已相當流行。到了這個時候,「性」所指的傾向於「生之質」。《莊子·庚桑楚》:「性者,生之質也」,也就是指生命的本質而言。《莊子·天地》:

> 留動而生物,物成生理,謂之形。形體保神,各有儀則,謂之性。
>
> 性脩反德,德至同於初。

文中性與德的分別,徐復觀解釋說:「在人與物的身上內在化的道,稍微靠近抽象化地道的方面來說時,便是德;貼近具體地形的方面來說時,便是性。」

〔註31〕徐復觀,《中國人性論史·先秦篇》,頁 167。
〔註32〕徐復觀,《中國人性論史·先秦篇》,頁 369。
〔註33〕徐復觀,《中國人性論史·先秦篇》,頁 369、370。
〔註34〕焦國成,《中國倫理學通論》(山西:山西教育出版社,1997 年),上冊,頁 117。

〔註35〕「留動而生物」，是形容道分化而生物過程中的活動情形。當然，其所指的「性」，指的是道在人物上所呈現的各種儀則和現象。

至於「命」，《莊子》則定義為：

物得以生謂之德；未形者有分，且然無間謂之命。（《莊子‧天地》）

徐復觀解釋說：「莊子之所謂命，乃指人秉生之初，從『一』那裡所分得的限度，即〈德充符〉所指出的『死生存亡窮達貧富賢與不肖……』等而言。」〔註36〕所以在《莊子‧人間世》說：「仲尼曰，天下有大戒，其一，命也；其一，義也。子之愛親，命也，不可解於心。」這裡所說的「命」，大約就等於孟子所說的「性」，是一種天所賦予的德性。而莊子就說它為命，所以《莊子‧德充符》說：「知其不可奈何而安之若命」就是「德之至也」，而且「唯有德者能之」。

至於「死生存亡、窮達貧富、賢與不肖毀譽、飢渴寒暑」則是命之流行變化。由此而論，《莊子》的「命」，是屬於「命定」義，是人與生俱來所得自天道的流行的一種屬性，是無可改變的。也因為是得自於天道的流行無間，所以其所謂命，「在本質上與德、性並無分別」。〔註37〕因此在莊子妻死的時候，當惠施弔唁時，莊子他說：「然察其始而本無生，……形變而有生，今又變而之死，是相與為春夏秋多四時行也。……自以為不通乎命，故止也。」（《莊子‧至樂》）也是用人所得自於天道變化的流行來說命。原則上，《莊子》所說的命等同於他所說的「性」。

六、小 結

對於「人性論」，在儒學系統中，孔子罕言之，孟子是用心善論性善，它的根據是落在心上說，郭店儒簡則主張自然的人性，其根源是來自於天，而《象傳》認為性命是天道的流形變化，其根源是「天道」。《象傳》的性命說基本上是受到郭店儒簡的影響，並且對其自然的人性加以修正；另外，也對孟子性善論的根源作了修正，改從天道而論。這樣的修正，正好是從孔子一路從天層層下貫到人心，再由人心處往上根源於天道，是向下落實與往上提昇的一個完整往返的過程，也是對其之前孟子與郭店儒簡的人性論二者之間作了互補性的融合。

〔註35〕徐復觀，《中國人性論史‧先秦篇》，頁372。
〔註36〕徐復觀，《中國人性論史‧先秦篇》，頁375。
〔註37〕徐復觀，《中國人性論史‧先秦篇》，頁376。

　　至於「命」的觀點，孔孟認爲無法操之在己的外在環境之限制，如死生富貴是屬於命的範圍，而賢與不肖則是屬於德性的範疇，並不屬於命運之命的範圍。而《象傳》則認爲「命」與「性」都是得自天道之正，其中「性」，重在天道方面說，而「命」則落在人物上說，所以對於孔孟所認定的賢與不肖等德性，一律歸之於「命」，都是天道的流行。

　　另外，在《孟子》中，沒有出現過「性命」連詞。和孟子同時的莊子，在《莊子・內篇》中也沒有出現過「性命」之詞。到了莊子後學的《莊子・外、雜篇》才出現有「性命」的語詞，共有 12 次：用在「性命之情」中，有 9 次；其餘有 3 次。所說的都是指稱生命的本眞。而其「生命的本眞」的來源是「道」，所以莊子說：「道與之貌，天與之形」。

　　由上可知：《象傳》的性命之說，就其「善」而言，基本上是承繼孟子性善論的思想；然而就其「性命論」而言，則明顯的是受到了郭店儒簡和莊學思想的影響。孟子的「性」是從人心的隱微處說，而郭店儒簡和莊子的「性」都是由「天」而論，所以莊子提倡一切要順從「天性」，要「有人之形，無人之情」，因爲「道與之貌，天與之形」，人的形貌與性命都是天道所賦予。莊子強調的是保有天所賦予的「自然之性」，此中沒有所謂的善與惡。而儒簡則直接肯定由性所發的各種氣與情，就其「本質意義」而言，並無所謂善惡的道德判斷。

　　就此而論，莊子所持的人性論是一種「超善惡論」，其他諸家不論是持「人性本善論」、「人性本惡論」，或是「人性善惡無定論」，都是從社會的倫理道德標準和禮儀制度所發展出來的，而莊子則是超越了這些道德標準和禮儀制度，直接從自然大道出發來研究人性，〔註 38〕也是從性的本源處加以探討。就人性而論，莊子認爲人性是來自於天道，是命定的。而天道是渾沌無分的，因此人性也是樸實而自然的。

　　由上所論，郭店儒簡的性命說，是自然的生命，其來源是天。《莊子》的性命論是持人的性命的本原是來自於道的流形變化，而《象傳》所說的性命，則接近於郭店儒簡與《莊子》二者的融合，由此可證：《象傳》作者應是受到儒簡與《莊子》天道觀思想的影響，接受了天賦人性之說，進而以天道的流形無不善，而論人之性亦無不正，也由此發展出《中庸》的「天命之謂性，率性之謂道」，因爲性無不善，所以才有循性之所行即是天道之流行的思想。

〔註 38〕　焦國成，《中國倫理學通論》，上冊，頁 111。

從孟子、莊子到《彖傳》到《中庸》，其性命思想明顯是一種發展的軌跡，也是一種儒家與道家思想融攝、消納，相互影響的成果。

第三節　人倫思想

從西周建國開始，為了鞏固政權，推行了以「親親」和「尊尊」為主的禮樂制度，也就是所謂的「周文」制度。而「親親」和「尊尊」的架構就是建立在人倫關係上，這是一個父系為主的結構。而在初民時代的社會，往往是以母系制度為主。

從孔子讚美「郁郁乎文哉！吾從周」開始的儒學系統，是在周文制度的基礎上建構起來的。所以其人倫思想自然也是父系架構中的男尊女卑。然而，在當時的道家學派中，卻保留了早期社會中母系制度的一些特色。人倫思想在各家學說中，有著極為明顯的分野。因此，從人倫思想的分析中，也可清楚地看出其中的思想傾向。

一、《彖傳》的人倫思想

《彖傳》的人倫思想主要集中在闡釋《易・家人》和《易・歸妹》這二卦的文字裡：

> 《彖・家人》：家人，女正位乎內，男正位乎外，男女正，天地之大義也。家人有嚴君焉，父母之謂也。父父、子子、兄兄、弟弟、夫夫、婦婦，而家道正；正家而天下定矣！

> 《彖・歸妹》：歸妹，天地之大義也。天地不交而萬物不興；歸妹，人之終始也。

《易・家人》說：「家人：利女貞。」家人，是卦名。卦辭原意是說利於女子所占問之事。〔註39〕而《彖傳》則以上下二體的中爻六二和九五去加以解釋。六二陰爻，屬柔，象徵女性。《彖傳》解《易》之例：凡陽爻在陽位、陰爻在陰位都稱為正。而下卦又稱內卦，所以《彖傳》說「女正為乎內」；九五陽爻，屬剛，象徵男性，上卦又稱外卦，居於陽位，也是得正，所以說「男正位乎外」。

《彖傳》又以此二爻各得其正進一步說：「男女正，天地之大義也。」

〔註39〕參見（1）高亨，《周易古經今注》，頁128。（2）張立文，《周易帛書今注今譯》，頁731～732。

《程傳》說：「男女各得其正位也，尊卑內外之道，正合天地陰陽之大義也。」
〔註40〕由男女各得其位，進而引申一家之中亦須上下尊卑各得其位，而一
家中的父母就猶如是一國之君，所以《彖傳》又進而說：「家人有嚴君焉，
父母之謂也。」由六二、九五陰爻陽爻各得其位，進而申論說：「父父子子，
兄兄弟弟，夫夫婦婦」，亦皆各得其位，則「家道正」，接著又進而說：「正
家而天下定矣。」

《易·歸妹》說：「歸妹：征凶，無攸利。」歸妹，是卦名。卦辭之意是
說：「征伐則有禍殃，無所利益。」〔註41〕而《彖傳》作者則就「歸妹」加以
闡釋說：「歸妹，天地之大義也。天地不交而萬物不興；歸妹，人之終始也。」
王弼《注》說：「陰陽既合，長少又交，天地之大義，人倫之終始。」〔註42〕
《彖傳》用上下二體解釋說：〈歸妹〉下卦為兌，兌為少女；上卦為震，震為
長男。所以王弼說「陰陽既合，長少又交」，進而發揮說這是「天地之大義，
人倫之終始」。

《彖傳》用陰陽和卦象發揮他的觀點，說男女、父子、兄弟、夫婦都有
其正當之位，而父子、兄弟、君臣、夫婦，都是由男女的結合而發展出來的
社會結構，所以，男女各得其正位，是天地之間最大的道理，也是最重要的
基礎。另外，又就《易·歸妹》「歸妹：征凶，無攸利。」發揮說：「歸妹，
天地之大義也」、「歸妹，人之終始也」，強調嫁娶是天地間最重要的義理，也
是人類能終而復始，不斷繁衍的起點，所以王弼《注》說「人倫之終始」。不
論是父子、兄弟、君臣，或是朋友等等社會關係，都是由男女的嫁娶，結為
夫婦開始所發展出來的。

所以《序卦》說：「有天地然後有萬物，有萬物然後有男女，有男女然後
有夫婦，有夫婦然後有父子，有父子然後有君臣，有君臣然後有上下，有上
下然後禮義有所錯。夫婦之道不可以不久也，故受之以〈恆〉。」人倫中的各
種關係，都是由男女之結為夫婦所開啓出來的，後來的《中庸·12章》說「君
子之道，造端乎夫婦」，也是根源於此。

《彖傳》言「正家而天下定」，其中「父父、子子；兄兄、弟弟；夫夫、

〔註40〕〔宋〕程頤、程顥，《二程集·周易程氏傳》（台北：里仁書局，1982年），頁
　　　884。
〔註41〕張立文，《周易帛書今注今譯》，頁368。
〔註42〕樓宇烈，《老子、周易王弼注校釋》，頁487。

婦婦」是由內外陰陽之各正其位推衍而出，它的根據是天地間陰陽運行的規律，在這個規律之下，男女、父子、兄弟、夫婦，甚至由家庭而至天下，都是一體呈現的，也是同時呈顯的，都是架構在天道規律之下，是用天道來論人間的倫理，如此則有別於孔子將政治倫理架構在家庭倫理之上。再者，《象傳》在上下、陰陽、男女之間所重視的是彼此的相應和合，而不是以下從上，以婦從夫，這更有別於周文中父系社會的基本原則。以下先略論孔孟的人倫思想，再作比較。

二、孔子的人倫思想

　　孔子亟意要恢復的是周文制度，而周文制度的主軸是「親親」和「尊尊」，也就是透過宗族的血緣系統來穩固政治的網絡系統，所以孔子特別重視禮和樂。然而到了孔子年代，禮樂已然失去其精神而徒留形式，所以孔子又將禮樂收歸於「仁」，建立起「仁、禮統一的社會倫理模式」。〔註43〕朱貽庭說：

> 總之，一方面，「仁」是「禮」的心理基礎；另一方面，「禮」是「仁」的行爲節度，兩者統一，溶爲一體。於是，就整個社會的人倫關係而言，就呈現出這樣的一種倫理模式：既有嚴格的尊卑、親疏的宗法等級秩序，又具有相互和諧、溫情脈脈的人道關係。例如：在父子、兄弟之間，就是父慈子孝、兄友弟悌，其間又以子孝、弟悌爲主。〔註44〕

孔子以「仁」和「禮」架構起來的社會倫理模式，是以家庭爲本位的一種人倫思想和人倫規範，其間最重要的人倫規範是父子、兄弟和君臣間的人倫關係。在父子一倫上，孔子所重的在爲子的倫理義務——孝，這當然是建立在周文架構上說。《論語》中論孝的文句相當多，茲略舉重要者如下：

> 子游問孝。子曰：「今之孝者，是謂能養。至於犬馬，皆能有養；不敬，何以別乎？」（〈爲政〉）

> 子夏問孝。子曰：「色難。有事弟子服其勞；有酒食，先生饌，曾是以爲孝乎？」（〈爲政〉）

> 孟懿子問孝。子曰：「無違。」樊遲御，子告之曰：「孟孫問孝於我，

〔註43〕　朱貽庭主編，《中國傳統倫理思想史》（上海：華東師範大學出版社，1989年），頁44。
〔註44〕　朱貽庭主編，《中國傳統倫理思想史》，頁46。

我對曰：無違。」樊遲曰：「何謂也？」子曰：「生，事之以禮；死，
葬之以禮，祭之以禮。」（〈爲政〉）

子曰：「事父母，幾諫。見志不從，又敬不違，勞而不怨。」（〈里仁〉）

子曰：「父母在，不遠遊，遊必有方。」（〈爲政〉）

孟武伯問孝。子曰：「父母唯其疾之憂。」（〈爲政〉）

子曰：「父在，觀其志；父沒，觀其行；三年無改於父之道，可謂孝
矣。」（〈學而〉）

當然，《論語》的編次沒有特別的涵義，但是，在這裡卻有一個特別的現象，
就是：論孝重要的篇章都放在〈爲政〉中，或是說在〈爲政〉中卻有很多論
孝的篇章。這或許是一種巧合，但是如果由孔子的話說：《書》云：『孝乎，
惟孝友于兄弟。』施於有政，是亦爲政，奚其爲爲政？」（《論語・爲政》）把
孝順父母，友愛兄弟，推廣在政治上，也算是一種從政。由此可知，孔子之
論孝，論父子之倫，應是放在貴族階層上說。再如「生，事之以禮；死，葬
之以禮，祭之以禮。」、「事父母，幾諫」、「三年無改於父之道」等，都是就
禮樂制度以及領導階層的施政上說。其他則就「尊尊」的系統而言「敬」。由
上所舉，可知孔子是把父子之倫放在周文制度上，是從下對上的關係上說。

至於孔子論兄弟一倫，焦國成說得甚爲貼切，他說：

孔子把兄弟倫理原則概括爲「兄弟怡怡」（《論語・子路》）。怡，和
樂的意思。孔子此語，謂兄弟之間，應該謙順和睦，和樂以相處，
尚恩而不尚責善。孔子在其他地方還稱述過「悌」。悌是爲弟者應該
盡的倫理義務，即恭敬、順從兄長。這一倫理規範對於維護周代的
嫡長子繼承制是非常重要的。〔註45〕

兄弟之間的「親親」，重在弟對兄之尊敬上，即敬長。這也是爲了維護政權的
穩定以及政權的繼承。當然，也是就維護周文制度而論。所以，兄弟一倫也
是重在下對上之關係上。

至於君臣一倫，孔子則從其「正名」的思想出發。

子路曰：「衛君待子而爲政，子將奚先？」子曰：「必也正名乎！」……
子曰：「……名不正，則言不順；言不順，則事不成；事不成，則禮
樂不興；禮樂不興，則刑罰不中；刑罰不中，則民無所措手足。故

〔註45〕焦國成，《中國倫理學通論》，頁 232。

君子名之必可言也，言之必可行也。」（《論語·子路》）

在孔子當時，周文制度已經禮崩樂壞，所以，孔子強調為政之要必先正名。而正名也正是為了復興禮樂的周文制度。所謂「正名」，也就是各正其位，各盡其名位所應盡的職責，就是「君君、臣臣、父父、子子」，此中的父子是就領導階層的父子而言，非泛指著一般之平民百姓。是要大宗、小宗以及各宗子之間，各盡其間之父子及君臣之禮，那麼，政治秩序自然穩定。在君臣之間，孔子所重仍是在臣對君所應盡的義務。

三、郭店儒簡的人倫思想

儒簡《語叢一》提出「天生百物，人為貴」的命題，何以會「人為貴」？儒簡提出這個命題的根據，是因為認為人之為貴在於「天降大常，以理人倫」（《成之聞之》）。這樣一來，就把人間的倫理和天的常道聯繫起來。而天地間之道，《性自命出》說「道四術，唯人道為可道也。」文中所說的人道就是人倫，人倫與天常相貫通，所以，人為貴即是由天常到人倫所賦予的結果，因此，《成之聞之》說「小人亂天常以逆大道，君子治人倫以順天德。」人倫是天所降最大的常道，其中有雙向意義：一則倫理的分析及秩序，是來自於天命之處的規範；一則天常從天命的超越性轉化為現實的人間秩序或規範。所以，《成之聞之》在「天降大常，以理人倫」之後接著又說「制為君臣之義，作為父子之親，分為夫婦之辨」。丁四新曾此詮釋說：「天命生諸物，人與物內涵規定其自身的條理或序度，正是這種內在條理或序度上的差異使人物區別開來，並且使其在百物之中最為貴尚。人之所以為貴，是因為『天降大常，以理人倫』，簡書把天降大常與人倫人道通貫起來思考，其用意顯然在昌明『人為貴』之義。當然它通過把人倫上溯到天常的高度來加以肯定的用意，亦是不容忽略的。」〔註46〕

人倫是「天常」在人間的轉化呈現，所以「治人倫」即是「順天德」，「逆大道」即是「亂天常」。而人倫中的最重要的，則是君臣、父子、夫婦，儒簡稱之為「六位」，《六德》說：「生民〔斯必有夫婦、父子、君臣，此〕六位也。」《六德》全篇敘述「六位」、「六職」、「六德」，三者的其淵源是「聖、智、仁、義、忠、信」這六德，而六德派生於六職，六職派生於夫婦、父子、君臣六

〔註46〕丁四新，《郭店楚墓竹簡思想研究》，頁250。

位，所以，《成之聞之》說：「是故君子慎六位以祀天常」。而「治人倫」亦是「順天德」，亦是基於天的常道。

儒簡的「夫婦、父子、君臣」（《六德》）或是「君臣之義，父子之親，夫婦之辨」（《成之聞之》），一是從人類的發展倫理次序而說，如《序卦傳》所說：「有夫婦，然後有父子；有父子，然後有君臣。」一是從政治社會倫理而說，其間有上下尊卑的等級次第。這二者的次序，就儒簡而說，並沒有特別的意義。因為，在「天降大常，以理人倫。制為君臣之義，作為父子之親，分為夫婦之辨。是故小人亂天常以逆大道，君子治人倫以順天德。」之後便接著說：

> 大禹曰：「余茲宅天心」何？此言也，言余之此而宅於天心也。是故君子，衽席之上，讓而受幼；朝廷之位，讓而處賤。所宅不遠矣。小人不逞人於恩，君子不逞人於禮。津梁爭舟，其先也不若其後也。言語噪之，其勝也不若其已也。……唯君子，道可近求，而〔不〕可遠借也。昔者君子有言曰：「聖人天德」何？言慎求之於已，而可以至順天常矣……是故君子慎六位以祀天常。

此段儒簡認為一個君子對於君臣、父子、夫婦等六位間的關係，應謹慎處之，因為，一個人與生俱有的生命的本質只是一自然的生命，其善其惡的關鍵則在於心，所以《性自命出》說：「四海之內，其眚一也。其用心各異，教使然也。」因此，儒簡對於心的涵養特別重視，《性自命出》說：「凡道，心術為主」，其後又說「生德於中」，也就是生德於心的意思。「天降大常」於人，此「天常」在心中，則稱為「天心」，儒簡詮釋大禹的話說，如欲使此心安於天常之中，則須在日常之中，謙讓幼小；在朝廷之中，謙卑處下；得志居於高位，不以上下尊卑之禮臨之於人；不得志之平常百姓，亦不以施人恩德之姿態傲之於人；在處世之時，不爭先而處後；在言語之中，不爭勝而處默，如此謙卑處弱，修其「天德」，則是「順天常」，如此則可以「祀天常」了。其中所說的「慎六位」，並不是強調其間的上下尊卑等級觀念，而是應謙卑處下，心合於「天常」，亦即是將「天常／人倫」相結合、相貫通，將人倫提高到天常的高度，而不是落在人間的政治秩序上說。

四、孟子的人倫思想

到了孟子，繼承了孔子貴「仁」的思想，但是不強調「禮」，而是另外提

出「義」，以「仁義」並舉，並且首創「人倫」概念作爲「仁義」之道的思想前提。《孟子‧滕文公上》：

> 人之有道也，飽食暖衣，逸居而無教，則近於禽獸。聖人有憂之。
> 使契爲司徒，教以人倫：父子有親、君臣有義、夫婦有別、長幼有
> 序、朋友有信。

孟子首先提出人倫正是人之所以異於禽獸的本質特徵，人倫之間的重要關係大致有五：父子有親、君臣有義、夫婦有別、長幼有序、朋友有信。《中庸》稱這五者是「天下之達道也」，後來又稱之爲「五倫」。《孟子‧滕文公上》進而說：「人倫明于上，小民親于下，有王者起，必來取法，是爲王者師也。」可知孟子明確地把「明人倫」作爲「王天下」的根本大法。所以《孟子‧離婁下》說：「人之所以異於禽獸者幾希，庶民去之，君子存之。舜明於庶物，察于人倫，由仁義行，非行仁義也。」根據《尚書‧堯典》所說「帝曰：契，百姓不親，五品不遜，汝作司徒，敬敷五教在寬。」使契爲司徒的是舜。雖然孟子在此是托古改制之說，然而卻也將孔子之說進一步地推展開來。

　　孔子的人倫學說，是建立在宗法、血緣、等級之上，重在上下尊卑上說，而孟子則把人倫落在道德上說。《孟子‧盡心上》說：「親親，仁也；敬長，義也。」孟子以仁義當作是人倫的實質內容。這裡的「親親」是指「父子有親」，「敬長」是指「長幼有序」，都是就血緣關係上說。至於孔子所論的君臣關係，孟子則強調其上下間的相對性。《孟子‧離婁下》說：「君之視臣如手足，則臣視君如腹心；君之視臣如犬馬，則臣視君如國人；君之視臣如土芥，則臣視君如寇讎。」甚至提出「以民爲本」的思想。在這個角度上，孟子可以說已經摒棄了周文制度中最重要的「尊尊」原則，而僅留其「親親」，而其「親親」已賦予其道德義，不再是周文制度中維護其宗法等級制的重要關鍵。

　　孔子在領導階層的人倫思想，孟子亦將其加以推廣，「夫婦有別、朋友有信」，已是落在平民上說。然而其「夫婦有別」的「別」義，則是在當時天尊地卑、男尊女卑的概念下。其中涉及到名分、職責、禮儀、稱號等種種的分別。焦循《孟子正義》說：「〈禮運〉稱十義，是：父慈、子孝、兄愛、弟敬、夫義、婦聽、長惠、幼順、君仁、臣忠。」〔註47〕《儀禮‧喪服傳》說：「夫者，妻之天也。婦人不貳斬者，猶曰不二天也。」〔註48〕《禮記‧郊特牲》

〔註47〕焦循，《孟子正義》（台北：世界書局，1979年），卷5，頁227。
〔註48〕〔唐〕賈公彥，《儀禮注疏》（台北：藝文印書館，1982年），卷30，頁15。

說：「男女有別，然後父子親；父子親，然後義生；義生，然後禮作；禮作，然後萬物安。無別、無義，禽獸之道也。……出乎大門而先男帥女，婦從男，夫婦之義由此始也。婦人從人者也。幼從父兄，嫁從夫，夫死從子。」〔註49〕由是觀之，夫婦之別，其義重在夫尊婦卑、男尊女卑以及婦人應該要從父兄、從夫、從子的概念之下。

五、小　結

孔子的人倫思想重在君臣、父子。《論語・顏淵》：「齊景公問政於孔子。孔子對曰：『君君、臣臣、父父、子子。』」、「政者，正也。子帥以正，孰敢不正？」，可見其倫理思想是建立在為政之上。雖然強調的是各守本分，但是這之中重在臣對君、子對父，有著濃厚的上下尊卑觀念。孟子雖然另外又提出夫婦和朋友，但是，所重的仍然是在政治上，所以，也是重在君臣之上。雖然如此，但是孟子已經將君臣的地位比較平等化，所以孟子說：「君視臣如草芥，臣視君如寇讎」。郭店儒簡則將人倫的關係建立在「天常」之上，人倫是「天常」在人間的具體落實，其體現「天常」的精神則是謙卑處下。

而《象傳》則把整個重心建立到夫婦上，其中雖然是用上下卦或爻位加以解《經》，然而卻沒有尊卑的思想，而是以陰陽、剛柔為主要觀念。《象傳》共用了 59 次「剛」、39 次「柔」，「剛柔」並舉則用了 28 次。〔註50〕完全沒有出現尊卑，只是用上下，而上下、剛柔之間，《象傳》重視的是《象・隨》「以上下下，其道大光」、「剛來而下柔」的尚柔精神。如：《象・賁》「柔來而文剛」、《象・噬嗑》「柔得中而上行」、《象・晉》「柔進而上行」、《象・睽》「柔進而上行，得中而應乎剛」、《象・鼎》「柔進而上行」等。雖然《象傳》解《經》是以柔剛代表陰陽爻，而剛柔、往來、交易，都是本諸乾坤。

凡說「剛來」、「柔來」，都表示內卦之陽爻、陰爻，乃是來自外卦之乾卦、坤卦；凡說「柔進而上行」，則表示外卦之陰爻是來自內卦之坤卦。〔註51〕當然《象傳》解經的義例，凡陰爻在陽爻之上稱為「乘」，一般都採凶義；凡陰爻在陽爻之下稱為「承」，一般都採吉義。然而《象傳》解經的方式除了乘承

〔註49〕　〔唐〕孔穎達，《禮記正義》（台北：藝文印書館，1982 年），卷 26，頁 19。

〔註50〕　參見戴璉璋，《易傳之形成及其思想》，頁 67。

〔註51〕　（1）《二程集・易程氏傳》，頁 807。（2）李光地，《周易折中》（四川：巴蜀書社，1998 年），卷九，頁 555 引《蘇軾易傳》。（3）金景芳講述，呂紹綱整理，《周易講座》，頁 146。

之外，還有比應、剛柔、往來、上下等，其中更重視的是「剛柔相濟」與上下之和合，而陰陽剛柔都是架構在天地運行規律之上說，然而在「先秦儒家重要典籍《論》、《孟》、《學》、《庸》中均未出現過『陰陽』概念，更無『剛柔』之說」，〔註52〕由此可知，《象傳》此中之思想，應是受郭店儒簡將人倫建立在「天常」以及其謙卑處下思想的影響。

由上所論，《象傳》的所謂「男女正」、「女正位乎內，男正位乎外」、「父父、子子、兄兄、弟弟、夫夫、婦婦」，其中的「男女」關係，應該要「男下女」（《象・咸》）、「以剛下柔」；「夫婦」之間則應該是「以夫下婦」，而不是孔孟等傳統觀念所說的「以婦從夫」。從陰陽對等於人倫上說，除了夫婦外，尚可等同於君臣關係。如以臣論，當然是以臣應君得吉；如以君論，則以得賢臣輔佐為吉。〔註53〕在《易》中，有時上九表賢臣，六五表國君，賢臣的爻位反在國君之上。李光地說：「凡《易》中五上二爻，六五下九五，則有尚賢之義，〈大有〉、〈大畜〉、〈頤〉、〈鼎〉是也。」，〔註54〕是《象傳》在君臣關係上，雖是以第五爻之君為主，然而其君臣間則注重其陰陽剛柔間之相互比應才得以為吉。

由是而論，《象傳》的人倫思想重視的是根源，是建構在天道運行的規律上，應是受到郭店儒簡的影響，而孔孟重視的是實質。這和人性論的觀點很類似：孔子重視的是實質的德性，而不論性與天道；孟子從心的希微處論善之根源，《象傳》則與郭店儒簡相似，將其根源追溯於天道而說「乾道變化，各正性命」。

第四節　「義、利」問題

對於義與利二者之間的取捨與輕重，或是主從、涵蓋、約束，以及對於二者涵意之界定，是中國傳統倫理學上一個重要的命題。因為在個人的私利與社會國家的公益之間往往會有所衝突，此時之抉擇就已經牽涉到道德的認定與判斷的問題。這是一個很嚴肅的問題，也是一個很實質的問題，更是一個必須時常面對的問題。對於這個命題，首先應先瞭解其對「義利」之界說。

〔註52〕陳鼓應，《易傳與道家思想》，頁46。
〔註53〕如《二程集・周易程氏傳・屯・九五》：「五居尊得正，而當屯時，若有剛明之賢為之輔，則能濟屯矣。以其無臣也，故屯其膏。」，頁717。
〔註54〕〔清〕李光地，《周易折中》，頁170。

古代「義」字一般作「誼」，誼字訓「宜」，所以《中庸‧20 章》：「義者，宜也。」、《禮記‧祭義》：「義者，宜此者也。」《韓非子‧解老》曾對義字作比較詳盡的解釋：

> 義者，君臣上下之事，父子貴賤之差也，知交朋友之接也，親疏內
> 外之分也。臣事君宜，下懷上宜，子事父宜，賤敬貴宜，知交友朋
> 之相助也宜，親者內而疏者外宜。義者，謂其宜也，宜而爲之。

由此可見，所謂義，就是行爲之應當或適宜。至於其標準，則各家皆有所不同。關於「利」，則各家所指涉之範圍有明顯的差異，大致上可以分爲三種：泛言有利、眾利之利和一己之利。

一、《象傳》的義利思想

《繫辭上‧10 章》：「《易》有聖人之道四焉：以言者尚其辭，以動者尚其變，以制器者尚其象，以卜筮者尚其占。」《易》的主要功能是占筮，而用以論斷吉凶的根據是天地之象，所以《繫辭上‧1 章》說：「方以類聚，物以群分，吉凶生矣。在天成象，在地成形，變化見矣。」而天地之象經由天數與地數之和合，形成大衍之數，於是人世間的一切事物的吉凶悔吝，便藉由大衍之數以定天下之象。《易》中所紀錄行爲的準則，都是依循著占筮所得之數。以《易》而論，不論是「國之大事，唯祀與戎」，或是嫁娶，或是捕獵，或是行旅，無不都以占筮所得之數作爲其行爲吉凶的準據。

《象傳》解《易》，常就事功而論其應如何措施及其所因循的原理。然而，《象傳》所講的「義」，其行爲標準則常提高到天道的高度去論。例如說：

> 《彖‧遯》：「剛當位而應，與時行也。」

> 《彖‧小過》：「過以利貞，與時行也。」

> 《彖‧損》：「損剛益柔有時，損益盈虛，與時偕行。」

> 《彖‧益》：「益，動而巽，日進無疆。天施地生，其益無方。凡益之道，與時偕行。」

> 《彖‧豐》：「日中則昃，月盈則食。天地盈虛，與時消息，而況於人乎？況於鬼神乎？」

> 《彖‧坤》：「至哉坤元，萬物資生，乃順承天。」

> 《彖‧大有》：「其德剛健而文明，應乎天而時行，是以元亨。」

《彖‧革》：「天地革而四時成，湯武革命順乎天而應乎人。」

《彖‧兌》：「剛中而柔外，說以利貞，是以順乎天而應乎人。」

《彖‧中孚》：「中孚以利貞，乃應乎天也。」

此中的「時」字，雖是指人事、環境的變遷，然而卻是以天道的規律爲其依據 。所以《繫辭上》說「廣大配天地，變通配四時」（6 章）、「法象者莫大乎天地，變通莫大乎四時」。雖然「定天下之吉凶，成天下之亹亹者，莫大乎著龜。」（11 章）天地之象著之於人世間的變通，則以四時的規律爲最顯著，所以《彖傳》所說的「義」者，宜也。其行爲的依據在於天道的規律。因此不論是《彖‧坤》的「宜建侯」，或是《彖‧豐》的「宜日中」、「宜照天下」，或是《彖‧小過》的「不宜上，宜下」，所說的都是強調必須順乎天道運行的規律。而天地間陰陽調和的規律在於人世間最初的表徵就是男女的和合，所以說：男女、歸妹是天地之大義。

至於利，《彖傳》不再就公與私，或是國與國、各個層級之間去論，而是就天道運行的規律作爲其行爲的準據的一種「義利和合」論。他所說的「利」，都是指的行爲的適宜。如：

《彖‧賁、復、大過、恆、損、益、夬、萃、巽》：「利有攸往。」

《彖‧剝、無妄》：「不利有攸往。」

《彖‧需、蠱、大畜、渙、中孚》：「利涉大川。」

《彖‧訟》：「不利涉大川。」

《彖‧訟、蹇、巽》：「利見大人。」

《彖‧明夷》：「利艱貞。」

《彖‧解》：「利西南。」

《彖‧蹇》：「不利東北。」

《彖‧歸妹》：「無攸利。」

《彖‧夬》：「不利即戎。」

《彖‧噬嗑》：「利用獄。」

以上所有的「利」，指的都是就行爲是否適宜而言。行爲措施適宜得當，那麼其結果則會「往有功也」。所以《文言》：

義者，利之和也。

孔穎達《周易正義》解釋說：

> 「義者，利之和」者，言天能利益庶物，使物各得其宜而合同也。
> 〔註55〕

朱熹《周易本義》說：

> 利者，生物之遂，物各得宜，不相妨害，故於時爲秋，於人則爲義，
> 而得其分之和。〔註56〕

徐志銳《周易大傳新注》則是說：

> 「利」爲天地陰陽和合，從而始萬物生長各得其宜，這就是天地之
> 利德。君子體現天地之利德，以利物之心與人相合而不爭，就足以
> 處世合宜而得乎義。〔註57〕

就以上學者所論，「利」都是指「宜」而言。就天道的運行規律所表現在人世間的現象而言，隨其陰陽的運行，使事物都能生長地各得其宜，即使是秋天所見，呈現出一片肅殺之氣，也正是適萬物之宜。所以程頤乾脆就說：「利者，和合於義也。」〔註58〕而《象傳》解《經》，其解釋吉凶悔吝之幾以及其行爲的準據所說的「利」，事實上就是說「宜」，也就是一般所說的「義」，所以說《象傳》對於義與利間的關係是一種「義利和合」論。若合其宜，則往有功；若不合其宜，則不利有攸往。這樣的觀點，有別於儒學系統中孔孟的思想。以下略論孔孟的義利思想，自可看出其間的差異。

二、孔子的義利思想

先秦諸子基於其中心思想，也都對「義利問題」提出他們各自的看法。孔子主張一個君子應該要以義作爲行爲的根本法則，認爲義是其他德性的根本。《論語·衛靈公》：

> 君子義以爲質，禮以行之，孫以出之，信以成之，君子哉！

《論語·陽貨》：

> 君子義以爲上，君子有勇而無義爲亂，小人有勇而無義爲盜。

孔子的義，是以周文的禮樂制度之道爲標準，所以孔子說：「君子義以爲質，

〔註55〕 〔唐〕孔穎達，《周易正義》，卷1，頁10。
〔註56〕 朱熹，《周易本義》（台北：老古文化事業公司，1981年影印同治11年，山東書局開雕尚走堂藏版），卷1，頁4。
〔註57〕 徐志銳，《周易大傳新注》，頁8。
〔註58〕 《二程集·周易程氏傳》，頁699。

禮以行之」(《論語・衛靈公》)、「行義以達其道」(《論語・季氏》)、「不仕無義。長幼之節，不可廢也；君臣之義，如之何其廢之？……君子之仕也，行其義也。道之不行，已知之矣！」(《論語・微子》)《論語》中所論「君臣之義」、「長幼之節」、「君子之仕也」以及會讓孔子「禮以行之」的，當然是周文的禮樂制度之道。

另外，孔子把義和利對舉，主張求義而不求利。在面對義與利之抉擇時，孔子說「見利思義」(《論語・憲問》)，他的弟子子張也說要「見得思義」(《論語・子張》)。孔子主張一個有政治地位的君子或是讀書人，凡事應該要依於義。如果是「放於利而行」，自然是「多怨」；而一般的平民百姓所追求的則是耕稼之利益，所以《論語・里仁》說「君子喻於義，小人喻於利。」董仲舒曾就此而說：「皇皇求財利常恐匱乏者，庶人之意也；皇皇求仁義常恐不能化民者，大夫之意也。」〔註 59〕可以說是對孔子這一句話作了很好的詮釋。這裡的「君子」、「小人」是階級上的名分義，不是道德上的判斷義。〔註 60〕所以，當樊遲問學稼、學圃時，孔子說他是「小人哉！樊須也！」孔子希望樊須是學道而非是學稼、學圃。

孔子以義作為利的前提，若是合乎義，則利當取；如果不合乎義，則當捨棄。《論語・里仁》說：「富與貴，是人之所欲也，不以其道得之，不處也。」《論語・述而》又說：「不義而富且貴，於我如浮雲。」可見孔子處理義利間的關係，可以說是「以義制利」。其中義與利，沒有生發關係。而其義是就領導階層而說，注重在政策的合宜。《論語》中只出現了 6 次「利」，其所說的利，指的是一己之利、自我之利。義與利之對舉，除了是不同階層所重不同之外，並且義有作為利的約束義。

由上可知，孔子對於利並沒有排斥，也不是以是否求利作為判斷道德上的君子與小人的標準。孔子之所以說「小人哉，樊須也！」，是因為他所問的學稼、學圃，是百姓所做的事，一個君子應該是關心如何治理天下國家才是。所以當孔子的另一個弟子子貢，除了一方面跟隨孔子學道之外，另一方面也同時經商，由於他善於猜測行情，因此，屢猜屢中，然而孔子卻從沒說過子

〔註 59〕《漢書・董仲舒傳》，《四部備要》(台北：台灣中華書局，1965 年)，卷 56，頁 16。另外《漢書・楊惲傳》亦引董仲舒之語，說「明明求仁義常恐不能化民者，卿大夫之意也；明明求財利常恐困乏者，庶人之事也。」卷 66，頁 12。
〔註 60〕參見焦國成，《中國倫理學通論》，上冊，頁 155～157。

貢是「小人」的評語。況且《論語·泰伯》也說「邦有道，貧且賤焉，恥也；邦無道，富且貴焉，恥也。」由此可知，孔子所求的利，應是以道為前提。所以《論語·述而》說：「富而可求也，雖執鞭之士，吾亦為之。」一個君子所追求的應是道之施行，則自然「祿在其中矣」。

三、郭店儒簡的義利問題

白奚說：「在儒簡中找不到義利對舉，以義制利的文字。」〔註61〕這裡牽涉到「義」與「利」的基本定義以及儒簡的中心思想。儒簡把生理需求、感官情緒等都視為人本性的顯現，甚至直接視之為「性」，所以《性自命出》說：「好惡，性也。」接著又說：「所好所惡，物也。」這裡的「物」，是如其後所說的「目之好色，耳之樂聲，鬱陶之氣也，人不難謂之死。」對此，白奚作出解釋說：

> 對於這句話，我們可以作出兩種解釋：其一，人對聲、色等感官物質需要的追求是迫切的、無止境的，甚至可以不顧性命；其二，對聲、色等感官物質需要，如果不加以節制，放縱過度，就會丟掉性命。這兩種解釋的相通之處就在於：目之於色也，耳之於聲也，再可以擴大到口之於味也，四肢之於安逸也，這些就是所謂的「物」，人對於這些「物」的慾望便是「性」。這樣，《性自命出》的作者實際上便同黃老學派一樣，從道德評價的層面上肯定了人的自然之性的合理性。〔註62〕

文中認為「目之於色也，耳之於聲也，再可以擴大到口之於味也，四肢之於安逸也」等，人對於物的慾望，便是性。在「義利之辨」的命題上，其中心問題在於人對於其間的輕重、取捨、或是制約，它基本的前提是採義與利是對立的情況才會有此道德判斷。如果義利不是對立，那麼就沒有所謂「義利之辨」了。而儒簡的中心思想是肯定人的自然之性，凡由自然的生命所發的喜怒哀悲及生理欲求等皆視之為合理，甚至主張為政者應順遂人情的基本需求。所以《性自命出》說：

〔註61〕白奚，〈郭店儒簡與戰國黃老思想〉，《道家文化研究——『郭店楚簡』專號》，頁450。

〔註62〕白奚，〈郭店儒簡與戰國黃老思想〉，《道家文化研究——『郭店楚簡』專號》，頁449～450。

> 凡人情爲可兌也。苟以其情，雖惡不過；不以其情，雖難不貴。苟
> 有其情，雖未之爲，斯人信之矣。

竹簡整理者認爲「兌」是「悅」之借字，而白奚則認爲「兌」很可能是「遂」
的借字，「兌人情」，即順遂、順應、因循人的本性。「兌」字即其後所說的「以
其情」的「以」字。〔註63〕「兌人情」不論是滿足「人情」的需求，或是順
遂「人情」的需求，以整段文字來看，儒簡認爲如果是一個人自然生命之所
需，當他有所困乏時所犯之惡，其實並不算是太大的過錯；如果並非是一個
人自然生命之所需，那麼即是是難得之貨，也沒有什麼值得珍貴的；如果是
一個人的本然之情，那麼「其心同，其理同」，他雖然還沒有實際的行爲，我
們也可以推得而知，因爲「四海之內，其性一也」。在這裡無所謂義利之辨，
因爲，「義」的標準是站在自然生命的角度，「利」也是一樣。而這自然生命
正是由天所賦予的，所以說：「性自命出，命自天降」。既然是天所賦予的自
然生命的顯現，那麼，義與利即皆合理，這之中就沒有道德的抉擇。

四、孟子的義利思想

至於孟子所論，常以仁義並舉，是一種王者之道。《孟子・告子下》：「君
臣、父子、兄弟，去利，懷仁義以相接也，然而不王者，未之有也！何必曰
利？」此王者之道已不是孔子所說的周文制度，而是「心之所同然」之理。
此心之所同然之理，用在國家施政上，則足以王天下；在一般平民身上，則
是根於人心本然之善所表現在外的行爲準則或規範。所以孟子說：「仁，人之
安宅也；義，人之正路也。」（《孟子・離婁上》）、「仁，人心也；義，人路也。」
（《孟子・告子上》）、「親親，仁也；敬長，義也。」（《孟子・盡心上》）甚至
說：「舍生而取義」，「所欲有甚於生者，所惡有甚於死者」，其根據是「非獨
賢者有是心也，人皆有之」（《孟子・告子上》），可見孟子義的標準，與其性
善論一樣，是落在人心上說。

孟子除了承襲孔子之說外，把義與利界定在不同階層上說，另外，還發
展爲道德上之價值判斷。《孟子・盡心上》說：

> 雞鳴而起，孳孳爲善者，舜之徒也；雞鳴而起，孳孳爲利者，跖之
> 徒也。欲知舜與跖之分，無他，利與善之間也。

〔註63〕考證過程請參見白奚，〈郭店儒簡與戰國黃老思想〉，《道家文化研究——『郭
店楚簡』專號》，頁451～452。

孟子強調應該去利而懷義。他認爲上下之間如果只是爭逐利益，必定導致國家危亡。《孟子·梁惠王上》：

> 孟子見梁惠王。王曰：「叟，不遠千里而來，亦將有以利吾國乎？」
> 孟子對曰：「王，何必曰利？亦有仁義而已矣。王曰：何以利吾國？
> 大夫曰：何以利吾家？士庶人曰：何以利吾身？上下交征利，而國
> 危矣！……苟爲后義而先利，不奪不饜。未有仁而遺其親者也，未
> 有義而後其君者也。王亦曰仁義而已矣，何必曰利？」

孟子把孔子所說的一己之利，擴大到國與國、卿與大夫、大夫與士之間不同階層的利益。即使是站在國家的高度上，仍然應該懷仁義以相待，才能夠擁有天下。《孟子·告子下》：

> 宋牼將之楚，孟子遇於石丘，……說之將如何？曰：「我將言其不利
> 也。」曰：「……先生以利說秦、楚之王，秦、楚之王悅於利，以罷
> 三軍之師。……爲人臣者，懷利以事其君；爲人子者，懷利以事其
> 父；爲人弟者，懷利以事其兄。是君臣、父子、兄弟終去仁義，懷
> 利以相接，然而不亡者，未之有也。……是君臣、父子、兄弟去利
> 懷仁義以相接也，然而不王者，未之有也。何必曰利？」

由上可知，孟子明顯主張君臣、父子、兄弟之間，應該要「去利懷義」。這裡的「君臣、父子、兄弟」，是就領導階層而言。孔子主張求義不求利，孔子所說的利，是指一己之利。孟子不只是不求利，進而更要拋棄利；不只是要拋棄一己之利，甚至連一國之利都要加以拋棄。主張不管是在君臣、父子或是兄弟之間，一是皆以仁義爲本。可以說強化了義利之辨，也擴大了義利之辨。在這裡，可以看出：孟子是站在全天下的高度看道德的標準。義與利，在這裡是絕對的對立義。

另外，孟子認爲治民之道，必須要有物質利益作爲基礎。如果人民生活得不到保障：「仰不足以事父母，俯不足以畜妻子」，那麼就會做出不合乎正軌的事。《孟子·滕文公上》：

> 民之爲道也：有恆產則有恆心，無恆產則無恆心，苟無恆心，放僻
> 邪侈，無不爲已！

孟子主張必須要給人民有基本的物質利益作爲生活的基礎，如果人民生活得不到保障——「仰不足以事父母，俯不足以畜妻子」，那麼就會做出不合乎正軌的事。所以，就爲政者對人民的義務上說，孟子主張應該要照顧到人民最

基本的生活利益。因此，孟子所謂的「去利懷義」說，是就領導階層說的；若就平民百姓而論，仍是應有基本的利益。如果把孟子所說的「孳孳爲利者，跖之徒也」，解爲就一般平民而論，那麼那些追求斗升之利的市井之民，不就都成了盜跖之徒了？

五、小　結

　　由上所論，《象傳》對於義利的和合義，似乎很像墨子的義利觀，〔註 64〕然而其實卻截然不同。《墨子・經上》：「義，利也。」、《墨子・經說下》：「仁，愛也；義，利也。愛利，此也；所愛利，彼也。」朱伯崑說墨子是「義利合一」，〔註 65〕朱貽庭認爲墨子主張「義以利爲內容」，〔註 66〕沉善洪、王鳳賢也認爲：「在墨家那裡，『利』也就是『義』」，〔註 67〕孫中原曾就《墨子・經說下》而論說：

> 這裡用「利」來規定「義」的內涵，把仁、義和愛的道德觀念同利益、功利直接聯繫起來，清楚地表現了墨家義利統一和重視功利的思想。這裡「此」指道德責任的主體，「彼」指道德責任的客體。墨者肯定主體有自覺愛他人、利他人的道德責任和義務。墨者義利統一和重視功利的思想，反映了勞動人民之間相互關心、相互幫助、互利互惠的傳統美德。〔註 68〕

承前所引《韓非子・解老》所釋，不論是君臣、父子、上下、貴賤、內外親疏、知交朋友，其行爲之適宜稱之爲義。就此而言，各家之定義可說非常近似。然而如就其所依據之原則而論其是否適宜，則各家皆不同。孔子從周文的禮樂制度之道而論其是否合義，孟子從人心本然之善而論，郭店儒簡從自然的生命出發，而其自然的生命可以直接說是天之顯現，《象傳》則從天道運行之規律作爲其行爲之準據，而墨子的「義」，則從社會眾人之共利爲其是否

〔註 64〕 以墨子之精神論，是貴義、重利、利民、節用等，然而《墨子》中仍有論到一己之利，如就此論，則愛人利人是爲義，而虧人自利則不義，就此而言，則可說墨子主張的是「貴義賤利」。
〔註 65〕 朱伯崑，《先秦倫理學概論》（北京：北京大學出版社，1984 年），頁 162。
〔註 66〕 朱貽庭主編，《中國傳統倫理思想史》，頁 63。
〔註 67〕 沉善洪、王鳳賢，《中國倫理學說史》（杭州：浙江人民出版社，1985 年），上卷，頁 146。
〔註 68〕 孫中原，《墨學通論》（遼寧：遼寧教育出版社，1995 年），頁 37。

合義之標準。《墨子・貴義》：「萬事莫貴於義。……凡言凡動，利於天鬼百姓者爲之；凡言凡動，害於天鬼百姓者舍之。」、《墨子・兼愛中》：「仁人之所以爲事者，必興天下之利，除去天下之害，以此爲事者也。」墨子在此把仁義和利民結合在一起說。其所謂仁義，是興天下人之公利，是站在現實的人之實際生活上說。雖然《彖傳》解《易》，也常就事功而論，然而應該說是《易》的性質本來就是「卜以決疑」，是用來作爲行爲的準據，以趨吉避凶，然而《彖傳》卻是根據天道運行的規律而論。

所以，《彖傳》之「義利和合觀」和墨子的「義利合一論」是站在不同的理論基礎發展出來的，其函義也截然不同。如果就以天道作爲行爲的準據，那麼其思想就如同「性命」、「人倫」思想一般，是近於郭店儒簡和道家的思想。

第五節　意志自由問題

所謂「意志自由」，即意志自律。關於意志的自律，康德說：「意志底自律就是意志底那種特性，即因著這種特性，意志對於其自己就是一法則（獨立不依於決意底對象之任何特性而對於其自己就是一法則。）〔案這個意思簡單言之是如此，即：意志之有這特性，即其自身對於其自己就是一法則，這特性，即是意志底自律性。此恰如陸、王所謂「心即理」。〕依是，自律底原則乃是：你應當總是如此作選擇以至於同一決意將包含我們的選擇底諸準格皆爲一普遍法則。」〔註69〕也就是說：意志自律是道德律令的最高原則，道德法則是從自由意志所發。對此，唐君毅曾有精闢的論述：

> 吾人所謂存在實體之自性，自始即非指一定之性，而正是指一能隨情境而更易其表現之性。此所可能更易之表現之範圍，即一存在實體之性之範圍。而依於人之能自覺的求實現價值理想之性。……由此而吾人即可言：依於人之自性爲因，而人即有眞正的意志自由。〔註70〕

如上所論，也就如牟宗三所說的：

> 道德是即依無條件的定然命令而行之謂，發此無條件的定然命令者，康德名之曰自由意志，即自發自律的意志。而在中國的儒者則

〔註69〕康德，《道德底形上學之基本原則》引自牟宗三譯註，《康德的道德哲學》（台北：學生書局，1982年），頁85。

〔註70〕唐君毅，《哲學概論》（台北：台灣學生書局，1982年），冊下，頁1167。

名曰本心、仁體、或良知，即吾人之性。〔註71〕

既說自由意志，必然與自然界之因果律發生衝突，這不僅是近代哲學的一重大問題，〔註72〕也是我國古代倫理學說的一個重要之命題，從孔子以來的許多思想家都對此有所立論。在自由與必然之間的問題，張岱年曾說：

> 意志自由問題，亦即自由與必然的問題，是倫理學中的一個重要問題。從孔子以來，許多思想家都肯定人有獨立的意志。儒家既肯定意志的作用，又強調「知命」，承認客觀的必然性。墨家反對儒家所謂命，宣揚「非命」。墨家把「命」與「力」對立起來，儒家則把「義」與「命」統一起來。「力與命」、「義與命」，都是中國古代倫理學說的重要問題。與此相關，還有「志」與「功」的問題，「志」即動機，「功」即效果。「志」、「功」問題即評判道德行為之標準的問題。這些問題都和意志自由問題有關。〔註73〕

依康德的說法，道德之判斷是依於無條件的定然命令，而發此定然命令者就是自由意志。就此而論，只有上帝才有此自由意志，在人本身是無法達到此意志自由。然而在中國古代的思想家而言，大致上都認為人存在著自由意志，如孔子所說的「我欲仁，斯仁至矣。」如果說是全然由人做主，那麼孔子又為什麼會說「知其不可為而為之」？就此而論，則意志自由與外在環境的關係，又如何去界定？人對於道德判斷的依據是否由人的意志完全自主，亦或有受到外在環境的限制的境況。如果存在著客觀的必然性，是否影響到主體認定的應然作為目標無法成為實然的成果，那麼意志的自主將僅限於意志本身而無法拓展出去，那麼意志的自由又有何意義？如果道德的判斷必須依於客觀的必然，那麼道德判斷的主體又有何價值？就這些問題而言，儒、墨、道各家的看法不同，而這個問題卻是道德判斷的根據，如果其基準點不同，勢必影響到其他理論的發展。所以，以下即就《象傳》關於意志問題加以探究。

一、《象傳》的意志論

在《象傳》解《易》的詮釋中，其論道德與行為的標準，小自個人的動靜行止、飲食豫樂，大至邦國天下的制度、教育，甚至是朝代的更替，所強

〔註71〕牟宗三，《智的直覺與中國哲學》（台北：台灣商務印書館，1980年），頁190。
〔註72〕參見盧雪崑，《儒家的形上學與道德形上學》，頁96。
〔註73〕張岱年，《中國倫理思想研究》（上海：上海人民出版社，1989年），頁175。

調的都是順乎天地之道，依於天道的規律。如：

《象·觀》：「觀天之神道，而四時不忒。」

《象·賁》：「觀乎天文，以察時變。」

《象·剝》：「君子尚消息盈虛，天行也。」

《象·蠱》：「終則有始，天行也。」

《象·豐》：「日中則昃，月盈則食。天地盈虛，與時消息，而況於人乎！況於鬼神乎！」

《象·恆》：「天地之道，恆久而不已也。利有攸往，終則有始也。日月得天而能久照，四時變化而能久成，聖人久於其道而天下化成。」

《象·革》：「天地革而四時成，湯武革命，順乎天而應乎人。」

《象·豫》：「豫，順以動，故天地如之，而況建侯行師乎！天地以順動，故日月不過而四時不忒；聖人以順動，則刑罰清而民服。」

戴璉璋在《易傳之形成及其思想》中列舉了 31 卦，都是從『順時而行』這一主題上加以說明天地與人文的對應關係。其中日月的運行，四季的變換，都是隨順時序的推移而進行的。《象傳》認爲這就是「天行」或稱爲「天地之道」。而與順時而行的天地之道相對應的一切人事行爲也都應「順乎天而應乎人」。〔註74〕所以《四庫全書總目提要·經部·易類》：「故易之爲書，推天道以明人事者也。」〔註75〕項安世也說：「凡象皆以易象與天道雜言者，見易之所象，皆天道也；以人事終之者，見易以天道言人事也。六十四卦之例皆然。」〔註76〕「總之，聖人須效法自然之道，順應天地之動以治天下。」〔註77〕由以上的論述，可以確知：《象傳》的意志標準在於天道，而不在於人自身之本體，這樣的觀點有異於儒學系統中孔孟的觀點。

二、孔子的意志論

儒學之所以異於周文制度而成其爲儒學，在於孔子把周文的禮樂制度收

〔註74〕參見戴璉璋，《易傳之形成及其思想》，頁 100～101。

〔註75〕《四庫全書總目提要》，《景印文淵閣四庫全書》，冊 1，經部，卷 1，頁 2。

〔註76〕項安世，《周易玩辭》，《通志堂經解》，冊 3，卷 1，頁 1。

〔註77〕黃沛榮，《周易象象傳義理探微》（臺北：漢京文化事業有限公司，1984 年），頁 70。

歸於仁的精神。禮樂制度是外在制度的規範，而仁則是內在於人心的自覺。此人心的自覺，人可以自作主宰。所以孔子說：「禮云禮云，玉帛云乎哉？樂云樂云，鐘鼓云乎哉？」（《論語‧陽貨》）孔子這裡說明了禮樂制度並不在於這些儀節度數，而是在於一個人的仁心，所以說：「人而不仁，如禮何？人而不仁，如樂何？」（《論語‧八佾》）。

當林放問禮之本時，孔子讚嘆地說：「大哉問！」也是就其人心處而說：「禮，與其奢也，寧儉；喪，與其易也，寧戚。」（《論語‧八佾》）這些都說明了孔子對於道德判斷的標準，已經不在於外在的種種因素，而在人自我。如宰予曾問三年之喪太久了，「君子三年不爲禮，禮必壞；三年不爲樂，樂必崩。」時序的進行，一年也就是一個循環了，守喪一年是否也就可以了呢？孔子此處不從禮樂制度討論喪期之久長，而是從人心的安與不安著眼，孔子問宰我說：「食乎稻，衣乎錦，於女安乎？」宰我說：「安！」孔子就說他是不仁。（《論語‧陽貨》）這裡的「安」、「不安」就是一種人心的自覺。所以孔子說：「我欲仁，斯仁至矣。」（《論語‧述而》）其中所強調的就是意志的自由。

三、孟子的意志論

孔子將禮樂收攝於仁，至於仁不仁，則從人心上說。孟子也是從人心處說仁義禮智之根源。《孟子‧離婁下》：

> 人之異於禽獸者幾希！庶民去之，君子存之。舜明於庶物，察於人倫，由仁義行，非行仁義也。

人和禽獸不同之處就只有那麼一點點，此「幾希」之異就在於人「由仁義行」。而此仁義根於心，所行皆從此出，並不是以仁義爲美而後行之。《孟子‧公孫丑上》：

> 孟子曰：所以謂人皆有不忍人之心者，今人乍見孺子將入於井，皆有怵惕惻隱之心。非所以內交於孺子之父母也，非所以要譽於鄉黨朋友也，非惡其聲而然也。由是觀之，無惻隱之心，非人也；無羞惡之心，非人也；無辭讓之心，非人也；無是非之心，非人也。惻隱之心，仁之端也；羞惡之心，義之端也；辭讓之心，禮之端也；是非之心，智之端也。人之有是四端也，猶其有四體也。

孟子從「乍見」之情況下，人心之本體乍然呈現，其道德判斷及行爲的標準，全在於此人心的發用，就如牟宗三所說：

當吾人說「本心」時即是就其具體的呈現而說之，如惻隱之心、羞
惡之心，是隨時呈現的，此如孟子之所說，見父自然知孝，見兄自
然知弟（這不是從生物本能說，乃是從本心說），當惻隱則惻隱，當
羞惡則羞惡，等等。〔註78〕

而且《孟子‧告子上》也說：「仁義禮智，非由外鑠我者也，我固有之也。」
由此可見，孟子是把仁義禮智之道德標準純從人心上說。依唐君毅所言：「依
人之能自覺的求實現價值理想之性，即有真正之意志自由」，〔註79〕則孟子所
言道德性之性以及四端之心即真正表現出人的自由意志。盧雪崑曾就此而論：

依孟子義理，可肯斷『人的意志是自由的』。因為孟子從本心說性，
心有活動義、有心覺，本心性體自給法則自悅法則，決定『應當』、
『不應當』。〔註80〕

其後又說：

孟子從心說性。心有活動義，心可呈現。就意志是心的基本機能說，
我們實可說本心即性即理亦即自由意志、實踐理性。〔註81〕

所以，牟宗三說：「孟子說理義悅心就完全是從本心仁體上說」，〔註82〕也就
是說孟子行為之道德標準完全是從人心上說。

四、小　結

勞思光就《易經》占卜系統中的「宇宙秩序」及「人事規律」之觀念加
以說明，其本意在於以卦爻標示宇宙秩序及人生之各階段用來指導人們在各
階段時應如何自處，其中自然現象和自覺活動則受一超越性之原理或規律支
配，而此超越性的規律，就是《繫辭》中所謂的「道」。〔註83〕其後又說：

簡言之，以一存有義之『天道』為價值標準，而以『合乎天道』為
德性及價值標準。〔註84〕

就此，勞思光稱之為－「德性之本體論解釋」、「以存有為德性價值根源」，也

〔註78〕牟宗三，《智的直覺與中國哲學》，頁193。
〔註79〕唐君毅，《哲學概論》（下），頁1167。
〔註80〕盧雪崑，《儒家的形上學與道德形上學》，頁98。
〔註81〕盧雪崑，《儒家的形上學與道德形上學》，頁103。
〔註82〕牟宗三，《智的直覺與中國哲學》，頁195。
〔註83〕參閱勞思光，《中國哲學史》，卷2，頁91～92。
〔註84〕勞思光，《中國哲學史》，卷2，頁94。

就是指純從一「存有」以說德性價值的理論，〔註85〕因此勞思光在論及《易傳》與孔孟思想的差異時說：

> 嚴格論之，則『心性論』之哲學，乃以『主體性』爲本者；『形上學』及『宇宙論』之哲學，皆是以『客體性』爲本者。二者乃類型完全不同之兩系。孔孟之說，屬『心性論』立場。……易傳及中庸等文件所表現之思想，則以『形上學』爲主，而雜有『宇宙論』成分。故易傳之思想理論，決不能與孔孟之學混爲一談。此是論中國儒學時一大關目。〔註86〕

由上而論，《象傳》的道德標準則完全依於天道之規律，而此依於天道之規律明顯地是受到道家老子的影響。老子哲學的中心是道，其思想的中心價值在於──自然，而其思想中的原則性方法則是──無爲，〔註87〕《老子・25章》說：「人法地，地法天，天法道，道法自然。」劉笑敢詮釋說：

> 人生活在天地之中，而天地又來源於道，道在宇宙萬物中是最高最根本的，但道的特點卻是自然二字。人取法於地，地取法於天，天取法於道，道又取法於自然，道是宇宙的最後根源和最高根據，而自然則是這一宇宙根源和根據所體現的最高的價值或原則。〔註88〕

關於老子之道的概念，學者的解釋，大致上可分爲四類：〔註89〕

　　1、本體或原理類：以胡適和馮友蘭爲開端和代表，大多數學者的觀點屬
　　　　於此類。
　　2、綜合解說類：以方東美爲代表。
　　3、主觀境界類：僅牟宗三倡導。
　　4、貫通解釋類：以劉笑敢、袁保新爲代表。

以上除了牟宗三所主「境界形態說」以外，其餘大多主形而上客觀的存有，其表現之一即是一種萬物生存變化的必然規律，也是人生的一種準則、指標或典範。老子「藉著『道』這一原理來說明『事物應該如何維持存在』」，〔註90〕也就是說對於人事之判斷價值標準不在於人心而是在於道，這是道家最基本的精

〔註85〕勞思光，《中國哲學史》，卷2，頁95、98。
〔註86〕勞思光，《中國哲學史》，頁110。
〔註87〕劉笑敢，《老子》（臺北：東大圖書公司，1997年），頁67、105。
〔註88〕劉笑敢，《老子》，頁74。
〔註89〕劉笑敢，《老子》，頁184～229。
〔註90〕袁保新，《老子哲學之詮釋與重建》（台北：文津出版社，1991年），頁113。

神。而《象傳》對於人事行為所依循之標準，也正是在此。由上可證：《象傳》對於意志的價值標準是在於天道，而不是孔孟的以人心之自覺為標準。就此而論，《象傳》對於主體意志的思想是受到老子思想的影響，已經不是儒家孔孟的思想系統了。

第六節　天人關係

　　在初民時代，由於人類自身的力量非常弱小，於是大都會出現「尊天事鬼」的思想。然而隨著人類文明的進步以及政權的轉移，人對於「天」之信仰，也會隨之有所修正。到了武王滅殷，為了讓人民接受「天命」的轉移，於是周人提出「敬德」、「以德配天」的思想。到了春秋時期，周天子喪失了禮樂征伐的專斷權，天的權威也就跟著沒落了。因此，在天人關係問題上，一些開明的卿大夫，便提出了「遠天重人」的思想。而大約成書在西周初期的《易經》，原是占筮之書，基本上，也是「尊天事鬼」的思想。《象傳》本是解《經》之作，他對天人關係的看法又是如何？儒、道、墨對「天人關係」的看法又都有所不同。所以，從《象傳》的「天人關係」論，應該可以看出他和儒、道、墨間思想之分際。

一、《象傳》的天人關係論

　　《象傳》中的「天」，其主要涵義有以下二種：〔註91〕

　　1、是無意志的自然的天，它既不會降吉凶禍福於人，也沒有絲毫主宰人間的意思。如：

　　　　《象·謙》：「天道下濟而光明，地道卑而上行。」

　　　　《象·習坎》：「天險不可升也，地險山川丘陵也。」

　　　　《象·離》：「日月麗乎天，百穀草木麗乎土。」

　　　　《象·恆》：「日月得天而能久照，四時變化而能久成。」

　　　　《象·睽》：「天地睽而其事同也，男女睽而其志通也。」

　　2、天是一種運行、變化的規律。如：

〔註91〕張立文，《周易與儒道墨》（臺北：東大圖書股份有限公司，1991 年），頁 79～88。

《象·屯》：「雷雨之動滿盈。天造草昧，宜建侯而不寧。」

《象·大有》：「其德剛健而文明，應乎天而時行，是以元亨。」

《象·蠱》：「先甲三日，後甲三日，終則有始，天行也。」

《象·復》：「反覆其道，七日來復，天行也。」

《象·豫》：「天地以順動，故日月不過而四時不忒。」

《象·觀》：「觀天之神道而四時不忒。」

《象·賁》：「觀乎天文以察時變。」

　　《彖傳》是解《經》之作，對於經文的詮釋上，《彖傳》也無可避免了出現了像「天命不祐，行矣哉？」（《彖·無妄》）、「『用大牲吉，利有攸往』，順天命也。」（《彖·萃》）人格神意味的「天」。然而根據上舉諸傳文，「天」都是代表自然界、無意志的天，以及天地間運行、變化的一種規律。

　　《彖傳》對於「天人關係」，認為人的行為，應遵循天地間這種運行、變化的規律，也就是應「以人循天」。如：

《象·屯》：「天造草昧，宜建侯而不寧。」

《象·大有》：「其德剛健而文明，應乎天而時行，是以元亨。」

《象·謙》：「天道虧盈而益謙，地道變盈而流謙，鬼神害盈而福謙，人道惡盈而好謙。」

《象·豫》：「豫，順而動，故天地如之，而況建侯行師乎？天地以順動，故日月不過而四時不忒；聖人以順動，則刑罰清而民服。」

《象·觀》：「觀天之神道而四時不忒，聖人以神道設教，而天下服矣。」

《象·剝》：「君子尚盈虛消息，天行也。」

《象·大畜》：「利涉大川，應乎天也。」

《象·損》：「損益盈虛，與時偕行。」

《象·革》：「天地革而四時成，湯武革命順乎天而應乎人。」

《象·豐》：「日中則昃，月盈則食，天地盈虛，與時消息，而況於人乎？況於鬼神乎？」

傳文所說，不論人是帝王、聖人、君子或是一般平民百姓，而事不論是政權

更替、封建諸侯、出師行軍、教育百姓或是道德修養，都應依循天道運行的變化及規律而行事，甚至連自然的天地和鬼神，都是依循著這個規律與變化，何況是人呢？根據上舉傳文可證：《象傳》思想中的「天人關係」是一種「以人循天」的觀念，而此「天」是一種自然的天，這種「天人關係」思想有異於孔孟的概念。

二、孔子的天人關係論

從初民時期的「尊天事鬼」和西周初期的「以德配天」到春秋時期的「遠天重人」的思想，以及春秋時代的一些卿大夫之「天道遠，人道邇，非所及也，何以知之？」（《左傳・昭公 18 年》子產語）的天人關係命題，認為天道與人道有著明顯的分野，二者間互不相干，這些觀點可以說都被孔子所繼承和進一步地發揚。

孔子對於「天」的看法，既保存對「人格神」敬畏的痕跡，罕言鬼神，又「以德配天」，而在平日的言論中，則又以人事為重。如：

　　《論語・八佾》：「獲罪於天，無所禱也。」

　　《論語・憲問》：「道之將行也與，命也；道之將廢也與，命也。公伯寮其如命何？」

　　《論語・述而》：「天生德於予，桓魋其如予何？」

　　《論語・述而》：「子疾病，子路請禱。子曰：『有諸？』子路對曰：『有之。誄曰：禱爾於上下神祇。』子曰：『丘之禱久矣！』」

孔子對於「天」的看法，顯然是指能主宰人間禍福、至上的人格神。而對於「天」和鬼神，孔子則是採一種敬、畏的態度。如：

　　《論語・雍也》：「務民之義，敬鬼神而遠之，可謂知矣。」

　　《論語・季氏》：「君子有三畏：畏天命，畏大人，畏聖人之言。」

　　《論語・八佾》：「祭如在，祭神如神在。」

另外，孔子又認為應該要專心致力於人所應該做的事，才是明智的，所以孔子重視的是「事人」而不是「事鬼神」，所以孔子又說：

　　《論語・先進》：「季路問事鬼神？子曰：『未能事人，焉能事鬼？』」

　　《論語・述而》：「子不語：怪、力、亂、神。」

再者，孔子又「以德配天」。《論語・泰伯》：「大哉，堯之為君也！巍巍乎，

唯天爲大，唯堯則之。」

由上可知，孔子的「天人關係」論，幾乎是吸收了春秋以前所發展出來的所有觀點，從「以人從天」到「以人敬天」到「遠天近人」到「以德配天」，可以說從天層層地往下貫，落實在人身上說；另一方面也從鬼神轉移到德性上，可以說是從天文往下落在人文上說。如果要說孔子的「天人關係」思想含有多重性，我想不如說是孔子的「天人關係」思想是一種發展，是從重天、鬼到重人的發展。

三、郭店儒簡的天人關係論

1、天人相分：《語叢一》說：「知天所爲，知人所爲，然後知道，知道然後知命。」丁四新就此闡釋說：

> 「知天所爲，知人所爲」當然是明於天人之分的進一步落實，它要
> 求對天與人、天爲與人爲、天之所爲與人之所爲皆有具體分別的認
> 知與了解，而在此具體分別的認知與了解中，其一貫性乃在於知道，
> 知道然後知命。所以簡書主張知道、知命，乃是建立在認識分別天
> 之所爲天與人之所爲人的基礎上的，沒有此明於天人之分的認知功
> 夫，恐怕知道、知命是不可能的。〔註92〕

儒簡認爲如果想要「知命」，那麼必先要「知道」；如欲「知道」，那麼必須先「知天所爲，知人所爲」。《窮達以時》：「有天有人，天人相分，察天人之分，而知所行矣。」「天」與「人」有其明確之界線，而辨識、察照其間的分界，其目的則是在於「知所行」。另外，在《窮達以時》又說：「有其人，亡其世，雖賢弗行矣。苟有其世，何難之有哉！」此中強調人或窮或達的命運機勢，在於「世」，亦即是「時」。其後又說：「遇不遇，天也。」一個人命運的窮通，都會受到時機的限制，而這個時機，是屬於天，非「人之所爲」。這裡「天爲」與「人爲」有著明確的分界，然而《窮達以時》又說：「窮達以時，德性一也。」、「窮達以時，幽明不再，故君子敦于反己。」丁四新說：「這兩條引文比較鮮明地表達了以德安命，以人順天，同時又以德涵命，以人導天的思想傾向。當然，這也是徹底貫徹『察天人之分，而知所行矣』的結果。」〔註93〕另外，在《唐虞之道》中也說：「養性命之正」、「安命」、「養生」、「聖以遇命，仁以

〔註92〕丁四新，《郭店楚墓竹簡思想研究》，頁257。
〔註93〕丁四新，《郭店楚墓竹簡思想研究》，頁260。

逢時」的思想。在未嘗遇時命之時，堯舜『順乎脂膚血氣之情，養性命之正，安命而弗夭，養生而弗傷。』這是人以天「安命養生」、「養性命之正」，或說是以天德涵養人性，安身立命的思想。

2、天人相通：儒簡認為「性自命出，命自天降」，人是根源於天。而「天之大常」，亦是透過「人倫」具體的落實而顯現。在天與人間之關係，人是體現天，人間之倫理、政治亦應遵循天之常道，順天之德。

四、孟子的天人關係論

孟子對於「天」的解釋，往往已經是從「人」的立場而論，或說是一種命運的必然性。《孟子‧萬章上》說：

> 萬章曰：「堯以天下與舜，有諸？」
>
> 孟子曰：「否。天子不能以天下與人。」
>
> 「然則舜有天下也，孰與之？」
>
> 曰：「天與之。」
>
> 「天與之者，諄諄然命之乎？」
>
> 曰：「否。天不言，以行與事示之而已矣。」
>
> 曰：「以行與事示之者，如之何？」………
>
> 曰：「使之主祭，而百神享之，是天受之；使之主事而事治，百姓安之，是民受之。天與之，人與之。……泰誓曰：『天視自我民視，天聽自我民聽。』此之謂也。」

此中孟子已經把能主宰人間禍福的人格神的「天」，以一種默示的方式表現其意志，而此意志的表徵則落在一般平民身上。孟子引《尚書‧泰誓》：「天視自我民視，天聽自我民聽」作為其論點之證明。「人與之」則「天與之」，天意已經落在民意上說。《孟子‧盡心下》：「民為貴，社稷次之，君為輕。是故得乎丘民而為天子。」在人間代表「天」地位之君，須以民為主。人的地位遠高過於天，這裡的「天」已經是虛懸的人格神，接近於自然界的天，已經只是一種表徵而已。

另外，在天與個人之間，孟子也把天命之性從人心隱微之善說，所以當孟子講到天時，幾乎都是就人心之善處說。如：

> 《孟子‧告子上》：「有天爵者，有人爵者。仁、義、忠、信，樂善

不倦，此天爵也。」

《孟子·離婁上》：「誠者，天之道也；思誠者，人之道也。」

《孟子·盡心上》：「盡其心者，知其性也；知其性，則知天矣。存
　其心，養其性，所以事天也。夭壽不貳，修身以俟之，所以立命也。」

孟子此處所說之「天」，只是一種本然的理序，泛指萬事萬物之理。說「盡其
心者，知其性」，也就是說心之發用即是性之顯現；說「知其性，則知天矣」，
亦即肯定「性」是萬理之源。其所謂「心、性」，是就最高的主體性講，有時
孟子也用「我」。如《孟子·盡心上》：「萬物皆備於我矣」，即是說心性中含
有萬物之理。「心」、「性」與「天」之區別，大致上可以說：「心」是主體，「性」
是主體性，而「天」則為自然理序。〔註94〕所以余敦康曾就「誠者，天之道
也；思誠者，人之道也」這一段話說：「實際上，這個天道并不是指稱客觀外
在的自然運行的過程，而僅僅是人性本質的外化，一種主觀的投影。」〔註95〕
所以本文說孟子所主張的天人關係是一種「以人言天」。

五、老子的天人關係論

　　老子的思想以「道」為核心，其論天地間的自然現象和人們所應有的行
為，都應以天道所呈現出之自然規律為準繩。即使是聖人統治天下，重要的
也只是在遵循這客觀的運行規律——道。〔註96〕所以《老子》說：

故飄風不終朝，驟雨不終日。孰為此者？天地。天地尚不能久，而
況於人乎？故從事於道者，道者同於道，德者同於德，失者同於失。
（23章）

人法地，地法天，天法道，道法自然。（25章）

道常無為而無不為，侯王若能守之，萬物將自化。（37章）

老子在道論的基礎上，「提出天道與人道兩大法則。天道自然無為，人道順其
自然。前者就是道家的自然論，後者就是道家的無為論。」〔註97〕老子說：「人
法地，地法天，天法道，道法自然」，「人道應符合天道的性質，天道自然無

〔註94〕勞思光，《中國哲學史》，卷1，頁130～134。
〔註95〕余敦康，〈《易傳》的義理內涵〉，朱伯崑主編，《周易知識通覽》（山東：齊魯
　　　　書社，1993年），頁167。
〔註96〕李澤厚，《中國古代思想史論》，頁88。
〔註97〕牟鐘鑒、胡孚琛、王保玹，《道教通論——兼論道家學說》，頁72。

爲，人道的基本要求在順乎萬物之自然，遵從事物發展的必然趨勢，反對人爲的干擾、征服和破壞，這就是無爲。」〔註98〕因此，老子所說的人道的無爲，事實上就是一種合乎自然的有爲，所以老子說：「輔萬物之自然而不敢爲」，對於人的無爲，也就是因循著客觀的天道的規律而爲。由此而論，老子對於「天人關係」，其所秉持的觀點是人應因循天道的規律行事，也就是「以人循天」的角度。

六、小 結

　　由上所論，孔子的天人關係中的「天」有人格神的意味，祂有主導人間禍福的能力，然而孔子遠鬼神而近人事。孟子則是「以人言天」，或是用民心之向背解釋天之意示，或是用人心隱微之善以言天命之性，而其對於外在環境的限制則訴諸於命定論。郭店儒簡將外在的時機，視之爲天，非人力所能扭轉。人不論窮達，都應修天德以涵養自然的生命。而在倫理、政治方面，則應體現「天常」，遵循天德。《易經》本是占筮之書，占筮之用意本來就是透過神靈的媒介指引人間行爲的禍福。其天人關係是「以天示人」，以天或鬼神之意志指導人之行爲。再觀《象傳》的思想則是「以人循天」，強調人之行爲去舍應以天道之規律爲依歸，此中的「天」表示的是宇宙間客體運行的規律，就如《經法・論》所說：「必者，天之命也」，《象傳》對於「天」的觀點，或是人與天之間的相互關係，這些思想都比較接近於郭店儒簡黃老道家的思想。

第七節　道德修養與理想人格

　　在倫理思想上，不論是論一個人性命的根源，或是論及人與人間的人倫關係，或是論人與人或人與事間的取捨價值判斷，或是論人在自由與必然間價值判斷的依據，甚至論及人與天之間的行爲相互關係等，其最終落實在個人身上的就是作爲道德修養的思想指導原則及其理想人格的界定。所以，不論各家倫理思想理論如何，最終必定歸於道德之修養及其理想的人格。而其中人性問題，向來是道德修養的前提，道德修養之如何可能，取決於人性論的基礎。而人性本身，也是道德修養的對象。所以在論及道德修養之前，必先釐清其人性學說。

〔註98〕牟鐘鑒、胡孚琛、王保玹，《道教通論──兼論道家學說》，頁72。

一、《象傳》的道德修養論與理想人格

《象傳》的理想人格是聖人，茲先列舉《象傳》有關聖人的論述如下：

《象‧蒙》：「蒙以養正，聖功也。」

《象‧豫》：「豫，順以動，故天地如之，而況建侯行師乎？天地以順動，故日月不過而四時不忒；聖人以順動，則刑罰清而民服。」

《象‧觀》：「觀天之神道而四時不忒，聖人以神道設教，而天下服矣！」

《象‧賁》：「觀乎天文以察時變，觀乎人文以化成天下。」

《象‧頤》：「天地養萬物，聖人養賢以及萬民。」

《象‧咸》：「天地感而萬物化生，聖人感人心而天下和平。觀其所感，而天地萬物之情可見矣！」

《象‧恆》：「天地之道，恆久而不已也。利有攸往，終則有始也。日月得天而能久照，四時變化而能久成，聖人久於其道而天下化成。觀其所恆，而天地萬物之情可見矣！」

《象‧鼎》：「聖人亨以享上帝，而大亨以養聖賢。」

由上所舉，《象傳》所論的聖人，幾乎都是指順乎天道運行的規律的國君而言。不管是「刑罰清而民服」、「以神道設教，而天下服矣」、「觀乎人文以化成天下」、「聖人養賢以及萬民」、「聖人感人心而天下和平」、「聖人久於其道而天下化成」或是「聖人亨以享上帝，而大亨以養聖賢」，都是因順天地變化的規律。此中的聖人，不一定指具有政治上的統治權，不一定是聖王的身分，也不是指著道德上修養之境界，而是一種順乎天道之無為。在天地仍是蒙昧之時，或是孩童懵懂之時，以天地之道涵養之，《象傳》稱之為是作聖之功。項安世就「刑罰清」玩辭說：

> 刑罰清而民服，非謂減省刑罰以悅民也。言順理之事，不煩刑罰，而民自服。如日月四時，無裁抑之者，而其數自不相過，其氣自無差忒，皆順動之驗也。〔註99〕

金景芳就《象‧豫》之文講解如下：

> 順是坤，動是震。順而動，故曰豫。天地也是如此，能按順來動，

〔註99〕項安世，《周易玩辭》，卷4，頁1。

合乎規律地運動，更何況建侯行師？建侯行師尤其是順理之事。天
地以順動，日月的運轉，四時的變化，絕不反常。人類社會的事情
也是如此，統治者若能做到以順動，則刑罰清，百姓服。〔註100〕

徐志銳亦就《象·豫》而說：

天地順其固有之規律而運動，所以日月運行不失其常規之法度，而
春夏秋冬四時變化無差錯。「聖人」順其事物固有的規律而行動，則
刑罰分明而萬民服從。說明天道人事都是「順以動」，即順從客觀固
有的規律而運動。〔註101〕

至於「聖人以神道設教」，金景芳則說：「這段話的文意，好像說不言而信的
意思。」〔註102〕徐志銳也解說：「『聖人』體現天道變化無過差而去設置政教，
不必採用政令刑罰這類強制性的措施，而應通過自己的行為無過差去行不言
之教，這樣臣下無不受其感化則天下歸服。」〔註103〕其餘各卦的《象》辭，
項安世、金景芳、徐志銳解說之文大多同上，都是以順著天地運行的規律解
聖人的作為。

至於其所論道德修養，也是著重在「應乎天而時行」。《象傳》的聖人純
然循著天地運行之道，不加以絲毫的人為造作，所以其論道德修養，則說：「其
德剛健而文明，應乎天而時行。」（《象·大有》）、「君子尚消息盈虛，天行也。」
（《象·剝》）、「剛健篤實輝光，日新其德。」（《象·大畜》）等，都是一種順
天地之道的涵養，不是從社會結構中的人倫關係上說，也不是從心性的修養
上說，也不是透過學思過程中不斷地去提昇自我的修為。這樣的道德修養方
式明顯有別於儒學系統中孔孟的觀點，而是接近於道家老莊的思想。

二、孔子的道德修養論與理想人格

在儒學系統中，孔子並無明確的人性論，其所重視的是人心的自覺，其
理想的人格是聖人與仁人。聖人是論其外在之事功，仁人則論其內在之修為。
《論語·憲問》：

子路問君子。子曰：修己以敬。曰：如斯而已乎？曰：修己以安人。

〔註100〕金景芳講述，呂紹綱整理，《周易講座》，頁184。
〔註101〕徐志銳，《周易大傳新注》，頁109。
〔註102〕金景芳講述，呂紹綱整理，《周易講座》，頁200。
〔註103〕徐志銳，《周易大傳新注》，頁134。

　　曰：如斯而已乎？曰：修己以安百姓。修己以安百姓，堯舜其猶病諸！

可見孔子以修己爲君子的基本要求，也是一基本德性。修己而後則推己及人，以己之德性影響周圍的人們同己般之修爲，讓他人得以安身立命，而後則讓全天下的人都得以安居樂業。所以當子路問孔子心中的志願時，孔子即回答說：「老者安之，朋友信之，少者懷之。」（《論語·公冶長》）此中修己→安人→安百姓，就是《大學》中所說的修身、齊家、治國、平天下之張本，所以《大學》接著又說：「自天子以至於庶人，壹是皆以修身爲本。」也是承襲孔子的思想。

　　以孔子理想人格而論，最高的是聖人，其次才是仁人。《論語·雍也》說：

　　　　子貢曰：如有博施於民而能濟眾，何如？可謂仁乎？子曰：何事於
　　　　仁，必也聖乎！堯舜其猶病諸！夫仁者，己欲立而立人，己欲達而
　　　　達人。

另外，《論語·述而》也說：

　　　　子曰：若聖與仁，則吾豈敢？亦爲之不厭，誨人不倦，則可謂云爾
　　　　已矣！

就此而言，孔子似乎界定一個仁者應該要己立己達而後去立人達人。如能做到立人達人，那麼就可稱之爲聖人了。然而不論是立己達己的修己功夫，或是立人達人的安人安百姓的工作，都是沒有止境的，也因此，孔子要說即使是堯舜都有所不逮。此中孔子之最高理想人格是「博施於民而能濟眾」的聖人，而其過程，則是透過修己的功夫去達成。

　　至於孔子的修己功夫，則是學與思結合的修養方式。孔子認爲人有「生而知之者」、有「學而知之者」（《論語·季氏》）。孔子認爲除了上智與下愚的極少數人是先天所形成，不爲人力改變外，其餘的大多數人則須透過後天的學知過程，才能達到其理想的境界。

　　孔子之所謂「學」，並不僅僅指著書本文字上的學習，而是泛指能提昇一個人道德修養的一切內容。所以子夏說：「賢賢易色，事父母能竭其力，事君能致其身，與朋友交，言而有信，雖曰未學，吾必謂之學矣。」（《論語·學而》）。「學」在孔子道德修養上站著極重要的地位。孔子自稱他之所以異於他人之處，不是在於德性，而是在於「學」。《論語·公冶長》：「子曰：十室之邑，必有忠信如丘者焉，不如丘之好學也。」另外，「學」在道德修養的過程中，亦佔著極重要的關鍵。一個人即使是嚮往各種德性而勤加修養，如果在

過程中不勤加學習，那麼其所修養的美德即可能受到蒙蔽而不自知，終將無法達成其修養的目標。所以孔子說：

> 好仁不好學，其蔽也愚；好知不好學，其蔽也蕩；好信不好學，其蔽也賊；好直不好學，其蔽也絞；好勇不好學，其蔽也亂；好剛不好學，其蔽也狂。（《論語·陽貨》）

在「學」的道德修養過程中，孔子又提到「思」的重要性。《論語·為政》：「學而不思則罔，思而不學則殆。」此中說明學與思間的相輔相成，缺一不可。《論語·衛靈公》曾述孔子的學思經驗說：「吾嘗終日不食，終夜不寢，以思，無益，不如學也。」然而如果只學而不思，終將迷惘而無所得。孔子所謂的「思」，指的是一種內省，是對所學內容的倫理思考和對自己言行的自我檢查。

三、孟子的道德修養論與理想人格

孟子的理想人格也是聖人，而且孟子進一步加以分析成四個典型：伯夷、伊尹、柳下惠、孔子。《孟子·萬章下》評論說：

> 伯夷，聖之清者也；伊尹，聖之任者也；柳下惠，聖之和者也；孔子，聖之時者也。

這四者之中又以孔子集其大成，所以孟子雖說以上四人都是古之聖人，然而心中所嚮往的典型則是孔子，《孟子·公孫丑上》：「乃所願，則學孔子也。」如上所論，孔子的理想人格是聖人，是安人、安百姓、博施於民而能濟眾的聖人。而孟子所謂的「聖人」，其所舉典型是伯夷、伊尹、柳下惠、孔子，此中除了伊尹有佐政之功外，其餘三人則以德性見稱。所以，孔子的聖人有合道德與政治為一的聖王之意味，而孟子則幾乎是純就德性而論。

孔子的道德修養重在學思內省，最後落在行為實踐上。而孟子則從其性善論出發，認為人的道德本原是源於本心，是先天的，《孟子·告子上》：「仁義禮智，非由外鑠我也，我固有之也。」所以孟子論道德修養，重在「存心養性」。《孟子·離婁下》：「君子所以異於人者，以其存心也。」孟子認為人之所以有君子小人之分，就在於存其心或是從其耳目感官之欲的差別。《孟子·告子上》：「養其小者為小人，養其大者為大人。」、「公都子問曰：鈞是人也，或為大人，或為小人，何也？孟子曰：從其大體為大人，從其小體為小人。」所說的也都在心是否存養上。至於存養其心最重要者，則在於「寡欲」。《孟子·盡心下》：「養心莫善於寡欲。其為人也寡欲，雖有不存焉者，

寡矣。其爲人也多欲，雖有存焉者，寡矣。」這裡所說的「欲」，是相對於心說。從其心之隱微之善處，則其人爲君子；若不從其心隱微之善而從其耳目感官的需求上，則孟子稱之爲欲。若從其欲，則爲外物所引，那麼必流於從物，「物交物，則引之而已矣」（《孟子‧告子上》），所以孟子強調應存其心而不要從於物。

四、小　結

　　由上所論，孔孟系統的儒家，其理想人格是聖人。孔子的聖人是安天下百姓的聖王，而孟子的聖人則轉而爲道德修養上理想之境界。孔子的道德修養注重學思並重，而具體落實在行爲實踐上；孟子則從孔子的反思上著眼，專從心的存養上說。

　　雖然《象傳》的理想人格也是聖人，然而其聖人之道並不是修己以安天下，也不強調其個人修養之境界，而是順著天道的運行而自然地化成天下，就如金景芳所說的「不言之教」，只是體現天地的變化而已。這之中，沒有人爲的成分在裡面，已經是純粹的順乎自然。這樣的觀點，迥別於孔孟的思想，反而是接近於道家的思想。

　　《象傳》的道德修養注重的是「時」。《象傳》的「時」，有別於孟子稱孔子爲「聖之時者也」的「時」。《象傳》的「時義」，所指的是天道運行的規律；而孟子所指稱的「時」，指的是人間世局變化、政局轉換以及個人進退出處之宜。孟子之所願，乃學孔子，其道德修養則從心性論出發，所重視的在個人的存心養性上。而《象傳》所重的則是在順乎天道。

第八節　結　語

　　本章以各種倫理的命題，透過《象傳》與相關之儒道思想作分析比較，發現《象傳》的思想，不論是就人性的本源問題，或是人倫的關係問題，或是對於道德的評價問題，或是對於道德修養以及其理想人格的詮釋，甚至是對意志的自由問題等觀點，都是由天道及其運行的規律所推衍出來的，而孔子則是由「仁、禮統一的社會倫理模式」發展出其種種之倫理議題，孟子則由其人心本然之善建構其各種理論，因爲《象傳》的核心思想已經迥異於孔孟的觀點，所以，由其所衍生的種種觀點才會有如是的差異。

　　在《孟》、《莊》之前的郭店儒簡，將人倫上溯到天常的高度，而說「天降大常，以理人倫」；其論性命亦是源自於天，而說「性自命出，命自天降」，因此持自然的生命說。上論《象傳》的「推天道以明人事」的中心思想應是受到郭店儒簡將倫理從天道而論的影響，也由於《象傳》對於「天」所持的宇宙論的觀點，形成他的「宇宙倫理模式」，其基本中心點已經違離了儒家以人為本的人文思想。所以，由此所衍生出來的道德的本原、人性的來源、理想人格、道德境界、天人關係等的種種論點，則一併異於儒學系統，反而是接近於道家系統，這是一個很重要關目。

第五章　政治思想析論

　　《象傳》在解經的文字中，出現了正位、尚賢、養民、革命以及人文化成等重要的政治思想命題。其中的「正位」說，是指陰陽在天地運行中恰如其分的呈顯；其所謂「尚賢」，是以六五與上九間的比應承乘而論；至於「養民」，則是如天地般「應其時而養之」；所謂「湯武革命」，亦是天道運行必然的發展；而「人文化成」，同樣是站在天道流行規律的高度而論。

　　《黃帝四經》的政治哲學以道為核心，其主軸有二：一是道、法的結合，一是道與陰陽刑德的結合。它認為人間的施政應符合天道，遵循天地的規律。

　　《象傳》所論的「正位」、「尚賢」、「重民」、「變革」、「人文化成」等思想都是就天道運行的規律以論人間施政的準則。既然是規律，就是一種「必然性」。只要是論「必然」，就不是儒家的思想。因為儒家強調的是道德性，道德是屬於「應然性」，之中有著一股強烈的道德判斷。

　　就命題而論，《象傳》的論點都是儒家所關注的重心，而其根據的原理——「推天道以明人事」的理論，明顯是受到《黃帝四經》稷下黃老學派的影響。由此可以推論：《象傳》是以黃老道家的思想去詮釋時代的重要政治思想命題。雖然《象傳》與儒家都說「順乎天而應乎人」，然而《象傳》所重在「天」的規律，而儒家則是重在「人」心的向背。

第一節　前　言

　　孔子嘗言：「周監於二代，郁郁乎文哉！吾從周。」(《論語・八佾》) 周代殷之後，用「親親」和「尊尊」的系統，基於血緣關係，將家庭倫理架構

在政治系統之上，形成網絡般的統治方式。其間維持整個領導階層的政治及倫理模式就是禮制，一般都稱這個制度為周文制度。所以，可以說：周文制度即是禮治的制度。這個制度的主軸中心點在周天子。然而平王東遷以後，政權旁落，禮樂征伐已不再自天子出，整個周王朝已是分崩離析。面對禮崩樂壞的周文制度以及政權的動亂，先秦的思想家對於時代問題的態度，採積極者約可分成兩個方向：一者是如孔子般的讚美周文而希望能夠維持或恢復西周初期的制度，一者是已然認為周文的崩解是必然的趨勢，而另尋救亡圖存之策。〔註1〕前者即是主張禮治的流派，而後者則是主張法治的流派。在先秦諸子中，就政治思想而言，足為大宗者，僅有儒墨道法四家。其中儒墨屬於前者，而法家則屬於後者，至於道家則從天道的高度省察當時人間的秩序，擬欲由消解人為的禮樂制度，進而彌平由是所產生的種種亂象。

主張禮治的儒學系統中，在制度的維繫上，強調的是正名；就施政者而言，則主張尚賢；對人民的管理，則主張以德化民。而主張法治的系統，在制度上，強調的是君主的絕對權勢；在施政階層上，則主張依法不依人；在人民的管理上，則主張信賞必罰。而道家則純粹從道的觀點反省現世的制度，其基本主張是一種法天地自然的無為，所以國君治國要如「烹小鮮」一般，也因此不主張尚賢，其理想政治是「太上，不知有之」，是一種「法自然」的政治理想。

《象傳》成書於孟、荀間的戰國後期，適逢先秦政治最為混亂的時期，各個思想家均欲建構一套治國的良方，《象傳》作者也無法跳脫這個時代主題，所以在書中亦針對正位、尚賢、重民、變革及人文化成等重要的政治命題提出其個人的觀點，本章擬先以上述命題逐一就《象傳》進行探討。

第二節　《象傳》的政治思想

一、正位思想

孔子學說可以說是以「禮」為始點，而西周的「禮制」即是西周的政治制度，其用意在於建立一個安定的政治秩序。所以，孔子認為如要重建政治秩序，

〔註1〕　蕭公權說：「當時思想家睹社會空前之鉅變而圖為積極應付之方者，約可分為二派。其一惜封建之潰而欲挽救之，其二雖知封建之不足救而任其消亡。」《中國政治思想史》（臺北：聯經出版社，1982年），頁243。

必須先釐定名分。因此，當齊景公問政於孔子的時候，孔子回答說只要「君君、臣臣、父父、子子」，君臣上下各正其位，國家即可安定。《象傳》雖是解《易》之作，然而在其傳解經文的時候，也往往就經中某些文字另外作了一些創造性的詮釋，而這些詮釋的言論，也正是《象傳》作者個人思想之所在。

　　在《象傳》中也有類似孔子的正名思想，《象・家人》說：「家人，女正位乎內，男正位乎外，男女正，天地之大義也。家人有嚴君焉，父母之謂也。父父、子子、兄兄、弟弟、夫夫、婦婦，而家道正，正家而天下定矣！」這之中說男女各正其位，推而擴之，家中的組成份子亦各正其位，則「家道正」；由此再擴充之，進而說「天下定」。這樣的論述文字與思想架構，和孔子所說的「君君、臣臣、父父、子子」的「正名」思想，以及後來的《大學》的「家齊而后國治，國治而后天下平」的思想模式非常近似。《象傳》「正位」思想的架構是否等同於儒家的說法？或根本迴異於儒家而另有其意涵及依據？

　　《象傳》本是解《易》之作，而《易》原是占筮之書。高亨將卦爻辭的性質分成四大類：記事之辭、取象之辭、說事之辭、斷占之辭。〔註2〕意謂卦爻辭或是用古代故事的過程比附於占筮者所問之事而論其休咎，或是以它種事物為象徵而表示吉凶，或是直說其人之行事而指示利與不利，或是直接論斷其吉凶悔吝。不論是概括的論斷，或是就人，或是就事，或就方位，或就時間，其卦爻辭都是就事問占所得的結果紀錄。

　　《象傳》解《易》經常用「位」去解釋爻辭的相對位置，王弼《周易略例・辨位》說：「爻之所處，則謂之位。」〔註3〕如《象・需》「位乎天位」中的「天位」，即是指著第五爻而說；《象・既濟》「剛柔正而位當」中的「位」，就是指全部的六爻。另外，《象傳》又結合爻位、爻德去解釋爻義。爻德，就是爻的陰陽剛柔。「爻德與爻位配合的結果，陰爻居耦位，陽爻居奇位，則稱為『正』，又曰『正位』，又曰『當位』，又曰『得位』。」〔註4〕如：《象・遯》「剛當位而應」，其中「當位」就是指九五陽爻居陽位；《象・漸》「進得位」，也是指九五居陽位。《象傳》用這種爻位與爻德配合的方式去解釋經文說是「正位」、「當位」的共有五則，以下先略作疏解，再分析、歸納其中「正位」所指稱的確切意涵。

〔註2〕　高亨，《周易古經通說》，頁38～86。
〔註3〕　樓宇烈，《老子、周易王弼注校釋》，頁613。
〔註4〕　黃沛榮，《周易象象傳義理探微》，頁50。

1、《易・遯》：「遯，亨。小利貞。」其原意是說：「筮遇此卦，可舉行享祭，乃小有利之占問。」〔註5〕而《象・遯》則說：

> 遯，亨，遯而亨也。剛當位而應，與時行也。小利貞，浸而長也。
> 遯之時義大矣哉！

「遯」，原來只是卦名，《易傳》都將它解釋爲「退」。如《序卦傳》：「遯者，退也。」《雜卦傳》：「遯則退也。」《象傳》也以「退」解釋之，說「遯而亨也」，因退避而致亨通也。接著，《象傳》又由此進而發揮所以亨通之理，說「剛當位而應，與時行也」。俞琰曾對此解釋說：

> 剛當位，謂以九居五而得其正；應，謂與六二相應而不與爲敵，此
> 君子隨時用權，明哲保身之道也。是時君子小人情猶相得，未至於
> 上下不交也。故君子心雖欲遯，而身猶在位，其義則未可遽遯也，
> 則唯有以正自守，以權應柔，順時而行耳，故曰：「剛當位而應，與
> 時行也。」此釋君子當遯則遯，而所以致亨之由也。〔註6〕

「當位」指九五陽爻居陽位，又稱作「正位」。九五又與六二陰陽相應，所以說是「應」。何以〈遯〉有退避之意？俞琰又進一步加以解釋說：

> 二陰在下雖微，其勢方來；四陽在上雖盛，其勢將往。往者屈，來
> 者伸，君子於此蓋不容不遯也。此時不遯，則何時而可遯耶？自常
> 情觀之，二陰以艮體止於下而不動，四陽在上，其勢猶盛，君子何
> 必遯？識時者觀之則不然，蓋二陰之止，暫止也。今雖止而不動，
> 徒以我四陽尚盛，未敢肆爾。然自此浸長，必將上進，蓋不終止於
> 其下也。〔註7〕

文中解釋何以〈遯〉會有退避之理，以常理言之，〈遯〉有四陽在上，其氣正盛，而其下則只有二陰，其勢方微，於此之時，九五何須退避？《象傳》從整個卦時作觀察，〈遯〉是處在陰柔漸長的趨勢，「浸而長也」，猶如水之浸物逐漸而長也。二陰雖然暫時不進逼，然而其氣勢終究會進逼，而陽剛遲早必退去。在這種情況之下，若「時未可遯，則君子要當與時而偕行；義苟當遯，則君子亦當與時而偕行。」〔註8〕君子之退避與否，依時而行。而這個「時」，

〔註5〕 高亨，《周易大傳今注》，頁228。
〔註6〕 〔元〕俞琰，《俞氏易集說》，〈象傳下〉，頁4。
〔註7〕 〔元〕俞琰，《俞氏易集說》，〈象傳下〉，頁5。
〔註8〕 〔元〕俞琰，《俞氏易集說》，〈象傳下〉，頁5。

所指的正是陰陽消長之時，而這陰陽消長的現象也正是天地運行之規律。君子之行事，不能只看當前之局勢，正當陽盛陰衰，即時大有作爲；而應觀察其間陰陽勢力之消長，作爲其行事之依據。這裡的出處進退，所依據的是盈虛消長的道理，天地運行的規律，而不是道德意義上的應爲或不應爲。

　　2、《易‧蹇》：「蹇，利西南，不利東北。利見大人。貞吉。」其原意是說：「利於往西南方向去，不利於東北方向去。利於見大人。占問則吉祥。」〔註9〕而《彖‧蹇》則說：

　　　　蹇，難也，險在前也。見險而能止，知矣哉。蹇利西南，往得中也。

　　　　不利東北，其道窮也。利見大人，往有功也。當位貞吉，以正邦也。

　　　　蹇之時用，大矣哉！

蹇，原來只是卦名，《彖傳》這裡將「蹇」解爲險難之意。〈蹇〉之下卦爲艮，上卦是坎。坎爲險，艮爲止，所以說：「險在前也，見險而能止。」《易‧坤》：「利西南，得朋。」王弼注：「西南，致養之地，與坤同道者也。」〔註10〕所以說西南是表示坤的方位。而《說卦傳》說：「艮是東北之卦。」又坤爲地，艮爲山。所以說處蹇之時，利於平順之地，而不利於險難之山。接著《彖傳》解釋何以處蹇難之時，占問會得吉兆？因爲〈蹇〉的六爻，除了初六以外，其餘都陰陽各得其位。即使初六是以陰爻居陽位，但是陰處在下，也可以說是正位。徐志銳解釋「當位貞吉，以正邦也」說：

　　　　「當位貞吉，以正邦也」一句，「當位」指其他五爻，即是說除了九
　　　　五之外，其他諸爻均不可爭先而動，只能居後而行，應當據守本位，
　　　　待時而舉，才能得吉。……九五的君主能保民，而民必助君主，從
　　　　而達到各居其位，一國安定，故言：「以正邦也」。〔註11〕

文中認爲「當位」是指除了九五之外的其他五爻各正其位，而各爻均須待時而動，才能得吉。比之於國家，則各人均安於其位，待時而動，一國才得以出險，才得以安定。黃沛榮曾就《彖傳》所持的人生態度而論說：

　　　　《彖傳》特別重視「時」之觀念……，所謂「時變」，蓋由於「時
　　　　令」之差異，自然亦隨之而變，如春生、夏長、秋肅、冬殺之類。
　　　　而不同之「時機」，人亦常採取因應之措施，故智者處世，必順應

〔註 9〕　張立文，《周易帛書今注今譯》，頁 267。

〔註10〕　樓宇烈，《老子、周易王弼注校釋》，頁 226。

〔註11〕　徐志銳，《周易大傳新注》，頁 251～252。

> 時變。……《彖傳》云:「寒,難也。險在前也。見險而能止,知
>
> 矣哉!」君子立身處事,必俟時而動。時不我與,則宜養晦韜光,
>
> 潛藏退避。〔註12〕

文中論蹇之精神,在於順應時變,應如四季之運行一般,當止則止,當行則
行。君子之立身處事,也應「隨時而動」、「與時偕行」,當處於險難之時,則
應當韜光養晦,退避潛藏,如此才能避開險難。

3、《易・既濟》:「既濟,亨,小利貞。初吉,終亂。」其原意是說:「亨
通,占問有小利,初始吉祥,結果有禍亂。」〔註13〕而《彖・既濟》則加以
闡釋說:

> 既濟,亨,小者亨也。利貞,剛柔正而當位也。初吉,柔得中也。
>
> 終止則亂,其道窮也。

《彖傳》用爻位與爻德之相互和合去解釋何以卦辭會說「利貞」?因爲「剛
柔正而當位也」。〈既濟〉是六十四卦中唯一六爻都各當其位的一卦,初、三、
五爻,陽剛居陽位;二、四、上爻,陰柔居陰位。所以,這裡的「當位」,是
指陰陽各正其位。

4、《易・節》:「節,亨。苦節不可貞。」節,是卦名。其原意是說:「筮
遇此卦,可舉行享祭。如苦於節儉,則所占之事不可行。」〔註14〕而《彖・
節》卻闡釋說:

> 節,亨,剛柔分而剛得中。苦節不可貞,其道窮也。說以行險,當
>
> 位以節,中正以通。天地節而四時成,節以制度,不傷財,不害民。

《彖傳》一開始就用爻德和爻位去解釋爲什麼「節,亨」?因爲〈節〉之上
卦是坎,爲陽,屬剛;下卦是兌,爲陰,屬柔。剛在上而柔在下,所以說「剛
柔分」。又九二與九五分居下、上二體之中位,所以說:「剛得中」。陰陽剛柔
各居其位,又適得其中,所以說是「亨」。如苦於節儉,不得其中,則其道不
可行。至此已釋意盡,然而《彖傳》卻又接著發揮說:「當位以節,中正以通。
天地節而四時成,節以制度,不傷財,不害民。」其意是說九五既當位又中
正,猶如以湖泊調節水流一般,既可流水又可存水,無過與不及。而天地間
最大的節氣是四季,春生、夏長、秋收、冬藏,萬物得以生生不息,如若四

〔註12〕黃沛榮,《周易彖象傳義理探微》,頁73～74。

〔註13〕張立文,《周易帛書今注今譯》,頁288。

〔註14〕高亨,《周易大傳今注》,頁356。

時無節，則萬物就無得調節，也就無法生存，天地間存在著這樣的規律，一個國家的施政也必須依循這種規律，才能安定長遠。金景芳曾就此論說：

> 人類社會有節，自然界也有節，有節是天地人都有的普遍規律。社會的節是根據天地節而來的。天地節，即是剛之節柔，柔之節剛，剛柔相節而生成春夏秋冬四時。冬不可無限長，要由春來節制它，使它適可而止，這是剛節柔。夏也不可無限長，要由秋來節制它，使它適可而止，這是柔節剛。如果天地無節，則大冬大夏而已，哪裡還有四時！〔註15〕

> 古人認為自然界的規律與人世間的規律是一樣的，自然界有什麼規律，人世間就有什麼規律。人世間的規律可以在自然藉尋得根據，自然界的規律也可以在人世間找到它的影響。自然界有「天地節而四時成」，人世間就有「節以制度，不傷財，不害民」。〔註16〕

文中說天地運行的規律，在陰陽剛柔之間自有所節制，因此形成四時以長養萬物。如果天地無節，那麼萬物何得生長？所以，國君的施政，也須效法天地運行的規律，以制度作為一國的節制，則自能「不傷財，不害民」。

在《象傳》中尚有論到「不當位」、「位不當」，計有二則，試略釋於下：

1、《象·噬嗑》：

> 柔得中而上行，雖不當位，利用獄也。

此句是在解釋經文「利用獄」。《易經》此卦是記載占筮之人適逢有訴訟之事，經過占筮的結果是利於進行訟事。而《象傳》作者則加以解釋說：就此卦主爻六五而論，陰柔本應居下，現在六五以陰柔之爻上行而居於上體之中，雖然陰爻居非其位，然而卻有利於治獄斷案。這裡的「不當位」，是指陰爻居於陽位。

2、《象·歸妹》：

> 歸妹，天地之大義也。天地不交而萬物不興也。歸妹，人之終始也。
> 說以動，所歸妹也。征凶，位不當也。無攸利，柔乘剛也。

《象傳》首先就天地間的生生化育而說。天之陽氣必須下降，地之陰氣必須上升，天地間之陰陽二氣必須交相和合，如此萬物才得以生長發育。比之於

〔註15〕金景芳、呂紹綱，《周易全解》，頁 420～421。
〔註16〕金景芳、呂紹綱，《周易全解》，頁 421。

人事，則是代表陰陽之男女的結合，所以說：「歸妹，天地之大義也。」天地之陰陽二氣交相和合則生養萬物，而人類的繁衍，則「造端乎夫婦」，所以說是人類之開始。這裡的「終始」是偏義複詞，只有「始」之意，而無「終」之意。「歸妹」原來只做卦名，而《象傳》卻加以如上之發揮，其卦辭說：「征凶，無攸利。」原意是說：「征伐則有禍殃，無所利益。」〔註17〕而《象傳》則就爻位的關係加以解釋說，因為中間四爻都不得其正，二、四以陽爻居陰位，三、五以陰爻居陽位，而且陰柔都乘於陽剛之上，以《象傳》解《經》的義例而論，以陰乘陽，其義大多屬凶，所以，這裡說「征凶」，是因為陰陽不當其位。也因為陰柔乘陽剛，所以說「無攸利」。

　　以上論到「正位」、「當位」、「不當位」、「位不當」者共有六則，這六則解經的方式都非常一致，都是如黃沛榮所說的「結合爻位、爻德以釋爻義」，都是指陰陽各得其位。所謂陰陽各得其位，即是在陰陽之流行當中，當陰則陰，當陽則陽，各合其時。而陰陽二者之間會呈現出盈虛消長的循環，這一種現象，是天地運行的規律，這種規律是流動而不息的，是與時遷移的，所以《象傳》非常重視「時」，認為人之行事應隨著陰陽之消長而與之進退，所以《象傳》常說「與時偕行」。

　　如純就爻的陰陽與其位而言，那麼六十四卦三百八十四爻中必有一百九十二爻是正位的；若單就上下二體之中爻來論，也會有六十四處是當位的，然而《象傳》說是當位或正位的，卻只有上述四則和《象‧家人》而已。不當位的數量和當位是一樣的，然而《象傳》說不當位的則只有上論二則。除了《象‧家人》以外之上引六則象辭，其所指的「正位」，是否應如孔子所說的「正名」思想？以下分別就各則加以辨析。

　　1、《象‧遯》：「當位而應」，〈遯〉九五、六二上下二體的中爻都居正位，如果可以指稱是政治倫理上的君臣上下各正其位，或是家中之父子兄弟夫婦各正其位。那麼，即是說在此之時，雖然其君之勢正盛，其臣之氣才稍萌，然而君主遲早必退位？其下之臣終究會進逼其君退位？而其君則應當退則退，才是依循著天地間運行之道呢？如將此處之「當位」，解成君臣父子各正其位，於理勢必不通。

　　2、《象‧蹇》：「當位貞吉，以正邦也」，〈蹇〉六爻都正位，如若是指上下君臣皆各正其位，那麼必定天下安泰，何來蹇難之時？而《象傳》又何以

〔註17〕張立文，《周易帛書今注今譯》，頁368。

盛歎：「蹇之時用大矣哉！」顯然，《象傳》作者讚嘆的是必須順應時變，順應天地陰陽運行之規律以行事。

　　3、《象·既濟》：「剛柔正而當位」，〈既濟〉之六爻皆得其正位，如若比之人事，定要說是君臣、父子各居於其位，則必定是國治天下平，然而《象傳》何以會說是「終止則亂，其道窮也」。

　　4、《象·節》：「當位以節」，如若定要比之君臣上下，那麼也只有九五得正，其下之九二並未得正，若君正臣不正，未必能做到「不傷財，不害民」。它所謂「不傷財，不害民」，是必須「節以制度」，而「節以制度」是如天地般之陰陽剛柔間之相互節制，並非君臣上下之相互節制，所以此處亦不能指君臣上下各正其位。

　　5、《象·噬嗑》：「雖不當位，利用獄也」，〈噬嗑〉六五居非其位，然而就治獄斷案之時，卻是合宜的。《象傳》非常重視「時」，「時」是一動態之表述，此中之「不當位」，不能說是君臣上下居於不當之位，這裡不是道德判斷，而是指在天地陰陽運行中的一個特定時節。

　　6、《象·歸妹》：「征凶，位不當也」，〈歸妹〉之二、三、四、五爻都居非正位，所以說「位不當」，雖然「位不當」，然而《象傳》卻說此卦是「天地之大義」、「人之終始」。若是定要比之君臣上下、父子夫婦，那麼這之中都不當位，何得說之為「天地之大義」？

　　上舉六例之「正位」、「不當位」，都並非說是君臣、父子、上下各正其位或居非其位，而是指陰陽在天地運行中恰如其分或不當之呈顯。《象傳》之「位」論，有其動態說，有其靜態說，不能拘執著上下各正其位一定就是吉，陰陽皆「位不當」，也未必是凶。《象傳》的「正位」思想，說的是就天地運行之規律，而此運行的規律，是天地間一種必然的現象，不能一定用人間之道德規律加以套用，儒家之「君君、臣臣、父父、子子」，是一種道德的規範，是「應然」，應該如此才能天下太平。然而事實上則不必然如此，因為天地間運行的規律不是靜止不動的，而是「與時偕行」的，即使是各就其位，那也只是事物發展中的一個階段而已。如果要說上下天地定位，則莫如〈否〉，然而《象·否》卻說「天下無邦」。反而是〈泰〉，地天倒置，《象·泰》卻說「天地交而萬物通」。如果要說六爻上下都各正其位，則莫如〈既濟〉，然而《象傳》卻釋經文「終亂」說「終止則亂」，止則其終必亂。上下陰陽皆各正其位，何以其終則亂？因其滯止不前，所以說：「其道窮也」。由上可知，《象傳》重

視的是動態的運行規律，不能以其「正位」之說比之於儒家之「正名」思想。儒家之「正名」，其根據是周文的禮樂制度；而《象傳》之「正位」觀點，則是依據陰陽之流行，也就是天道之運行規律，此二者不可渾同而論。

　　據此，再觀《易‧家人》：「家人，利女貞。」其中「家人」，是卦名。「利女貞」是說：「筮遇此卦，女子有所占問則吉利。」〔註18〕而《象‧家人》則就此發揮說：

　　　　家人，女正位乎內，男正位乎外，男女正，天地之大義也。家人有
　　　　嚴君焉，父母之謂也。父父、子子、兄兄、弟弟、夫夫、婦婦，而
　　　　家道正；正家而天下定矣！

這裡，《象傳》也是用上下二體的爻位去推衍。下卦是離，下卦又稱內卦，而六二陰爻居陰位，因此說是「女正位乎內」；上卦是巽，上卦又稱外卦，而九五陽爻居陽位，因此說是「男正位乎外」。所以程頤說：「陽居五，在外也；陰居二，處內也，男女各得其正位也。尊卑內外之道，正合天地陰陽之大義也。」〔註19〕而陽是天之象徵，陰是地之象徵，天在上而地在下，天地陰陽各正其位，所以說是天地之大義。比之於人事，則在一家之中，父母猶如一國之君位居於上，而各個組成分子亦各居其位，則家中自然上下有序，所以說「家道正」。

　　就家庭之常態而言，父子、兄弟、夫婦各正其位，則家道正，只是一般家庭普遍的倫理秩序，並不是個別思想家特有的觀點。《象傳》這裡所說的仍然是就陰陽之各為其陰陽比之於人事之結果。如要論正位，〈家人〉之正，不如〈否〉上下二體之天地各正其位，不如〈既濟〉之六爻各正其位，然而此二卦《象傳》並未就上下各正其位進而論家正、天下定，可見《象傳‧家人》此處的「正位」，並不是如儒學系統中的君臣上下各正其位，而是從天地陰陽的運行規律立論。

　　至於「正家而天下定」、「當位貞吉，以正邦也」，也是就陰陽之流行中恰如其分的表現，「天地節而四時成」，天地都已是如此，更遑論是一個邦國或是整個天下。所以，這裡不是如儒家宗法制度的「家齊而后國治，國治而后天下平」的思想架構，而是從天道流行的規律上立論的。

〔註18〕高亨，《周易大傳今注》，頁247。另外，張立文：「家人，卦名。利於女子占問。」《周易帛書今注今譯》，頁732。也同高亨之說。
〔註19〕〔宋〕程顥、程頤，《二程集‧周易程氏傳》，頁884。

二、尚賢思想

在春秋時期，隨著各國諸侯間之競爭，而舊有貴族之智能不足以因應時局的變化，因此在一些諸侯國中，舉用賢才便成為國家的大事。在思想家中如孔子、墨子也都非常重視舉用賢才。孔子認為要實施仁政，必須要「舉賢才」。《論語·子路》說：「仲弓為季氏宰，問政。子曰：『先有司，赦小過，舉賢才。』」另外，《論語·顏淵》記錄子夏詮釋孔子所言「舉直錯諸枉，能使枉者直」說：「富哉言乎！舜有天下，選於眾，舉皋陶，不仁者遠矣；湯有天下，選於眾，舉伊尹，不仁者遠矣。」這之中的「舉直」、「舉皋陶」、「舉伊尹」即是「舉賢才」，由上可見：儒家認為「舉賢才」是施政的一個重要環節。另外，墨子也主張尚賢是為政之本。《墨子·尚賢中》：「子墨子言曰：今王公大人之君人民、主社稷、治國家，欲修保而勿失，故（一本作「胡」）不察尚賢為政之本也。何以知尚賢之為政本也？曰：自貴且智者為政乎愚且賤者，則治；自愚〔註20〕賤者為政乎貴且智者，則亂。是以知尚賢之為政本也。」〔註21〕

生處於戰國後期的《象傳》作者，在解經之時也提出「尚賢」的說法，其說法是否同於儒家或是墨家的思想？或是另有其思想依據？以下就《象傳》中論到「尚賢」的三則文字先作疏解，再作歸納、分析。

1、《易·大畜》：「利貞。不家食吉。利涉大川。」經文原意是說：「筮遇此卦，乃有利之占問。不食於家，出外謀食，乃吉。利於涉大川。」〔註22〕而《象·大畜》則加以闡釋說：

　　大畜，剛健篤實輝光，日新其德。剛上而尚賢，能止健，大正也。

　　不家食吉，養賢也。利涉大川，應乎天也。

《象傳》解經的義例：凡二爻相鄰則曰比，上下卦相對位置之爻是一陰一陽則曰應。陰爻在陽爻之下曰承，一般論斷屬吉；陰爻在陽爻之上曰乘，大致屬凶。《象傳》這裡用爻位、爻德和爻與爻之比應關係說「剛上而尚賢」。李光地曾說：「凡《易》中五上二爻，六五下上九，則有尚賢之義，〈大有〉、〈大畜〉、〈頤〉、〈鼎〉是也。」〔註23〕以爻位而論，上九在上，六五在下，比之

〔註20〕〔清〕孫詒讓按：此處當有「且」字。《墨子閒詁》（臺北：河洛圖書出版社，1980年），卷2，頁7。
〔註21〕〔清〕孫詒讓，《墨子閒詁》，卷2，頁7。
〔註22〕高亨，《周易大傳今注》，頁191。
〔註23〕〔清〕李光地，《周易折中》，頁170。

於人事，則賢臣在上而國君反在下，此中「尙」有「上」意，即尊賢人在上。「不家食吉，養賢也」，朱熹說：「亦取尙賢之象」〔註 24〕李光地引梁寅之說曰：「養賢者，亦取尙賢之象。自剛上而言，則謂之尙賢，所以盡其禮也；自不家食而言，則謂之養賢，所以重其祿也。」〔註 25〕「不家食」意謂國君能尙賢，所以賢能之才，不自食於家，而食天子諸侯之俸祿，如《禮記‧表記》所言：「子曰：事君大言入則望大利，小言入則望小利。故君子不以小言受大祿，不以大言受小祿，易曰：不家食吉。」〔註 26〕

2、《易‧頤》：「頤：貞吉。觀頤，自求口實。」其原意是說：「筮遇此卦，所占問之事吉。觀人之腮中含物，不能飽腹，須自求口中之食物。」〔註 27〕而《彖‧頤》則加以闡釋說：

> 頤，貞吉，養正則吉也。觀頤，觀其所養也。自求口實，觀其自養
> 也。天地養萬物，聖人養賢以及萬民。頤之時，大矣哉！

其中「『觀頤』，觀其所養也。『自求口實』，觀其自養也。」是解釋經文，頗符合原文之意。《彖傳》在解釋經文之後，又加以發揮說「天地養萬物，聖人養賢以及萬民」，徐志銳就此論說：

> 養生必須遵循正道，養生的正道就是適時而有節，如天地養萬物，
> 當寒而寒，當暑而暑，萬物養得其正而生生不息。如果當寒而暑，
> 當暑而寒，天地就不能生養萬物。治國也是如此，「聖人」君主一人
> 豈能養萬民之生，主要得依靠培養「賢人」及有才德之士，通過「賢
> 人」及有才德之士去進行治理，使寒暑不違農時，災荒得以賑濟，
> 人人能有衣食，天下無不得其所養。〔註28〕

高亨也對此論說：

> 天地則養萬物，聖人則養賢人及萬民。然天地之於萬物，應其時而
> 養之，故萬物能生活長成；如失其時，則萬物傷矣。聖人之於賢人
> 及萬民，亦應其時而養之，故賢人能獻其力，萬民能樂其生；如失
> 其時，則賢人隱，萬民苦矣。〔註29〕

〔註 24〕〔宋〕朱熹，《周易本義》，卷 1，頁 51。
〔註 25〕〔清〕李光地，《周易折中》，頁 565。
〔註 26〕〔唐〕孔穎達，《禮記正義》，《十三經注疏》，卷 54，頁 20。
〔註 27〕高亨，《周易大傳今注》，頁 196。
〔註 28〕徐志銳，《周易大傳新注》，頁 178。
〔註 29〕高亨，《周易大傳今注》，頁 197。

二文認為《象傳》不論是論「天地養萬物」，或是論「聖人養賢以及萬民」，都認為應順著天地運行之規律，而天地運行之最大的規律就是四時的交替，聖人養賢以佐政，使寒暑不違農時，則百姓自然得其養。此中「聖人養賢」的「聖人」，指的是國君。孔穎達曾說：「聖人但養賢人使治眾，眾皆獲安，有如虞舜五人，周武十人，漢帝張良，齊君管仲。」這裡舉舜、周武王、漢高祖和齊桓公，都是一國之君，並不一定指道德修為上的聖人。《周易程氏傳》說：「聖人則養賢才，與之共天位，使之食天祿，俾施澤於天下，養賢以及萬民也，養賢所以養萬民也。」〔註 30〕程頤認為養賢才是養萬民的一個過程。惠棟也認為養賢是為了治理百姓，他說：「乾為聖人，坤陰為民。養成賢能，使長治萬民，是養賢以及萬民也。」〔註 31〕所以李光地引趙汝梅之說：「聖人之於萬民，豈能家與之粟，而人與之衣。其急先務者，亦曰養賢而已。賢得所養，則仁恩自及於百姓矣。」〔註 32〕由上可知，此處的「賢」，並非道德義；而「養賢」，亦非尊德義。《孟子‧離婁上》說：「徒善不能以為政，徒法不能以自行。」此中的「賢」，重在才與能，意在能治理萬民之意上。只有道德義之賢，是不足以成善政的。

　　3、《易‧鼎》卦辭：「元亨。」〔註 33〕而《象‧鼎》則加以發揮說：

　　　鼎，象也。以木巽火，亨飪也。聖人亨以享上帝，而大亨以養聖賢。

　　　巽而耳目聰明，柔進而上行，得中而應乎剛，是以元亨。

〈鼎〉之卦象，象鼎之形。又下卦為巽，巽為木；上卦是離，離為火。木上生火，有烹飪之象，所以說：「亨飪也」。古時亨與烹通用。《象傳》又就烹煮食物之用途作進一步說明：「聖人亨以享上帝，而大亨以養聖賢」。此中「聖人」亦如《象‧頤》之「聖人」，指一國之國君。《左傳》說：「國之大事，在

〔註 30〕　〔宋〕程顥、程頤，《二程集‧周易程氏傳》，頁 833。
〔註 31〕　〔清〕惠棟，《周易述》，《皇清經解》，冊 1 ，卷 337，頁 18。
〔註 32〕　〔清〕李光地，《周易折中》，頁 567。
〔註 33〕　卦辭王弼本作：「元吉，亨。」程頤：「以卦才言也。如卦之才，可以致元亨也。止當云『元亨』，文羨『吉』字。卦才可以致元亨，未便有元吉也。」《二程集‧周易程氏傳》，頁 957。朱熹：「卦自巽來，陰進居五，而下應九二之陽，故其占曰：『元亨』。『吉』衍文也。」《周易本義》，卷 2，頁 31。〔宋〕項安世辨正說：「屯、隨、臨、無妄、升、革之元亨，皆為大亨。獨大有、蠱、鼎為元亨者，應大中之運，建萬世之統，受惟新之命，皆有大始正本之義也。……卦辭有『吉』字者，誤也。」《周易玩辭》，卷 10，頁 5。再如《象傳》解經也只說「元亨」，無「吉」字。本文從《象傳》、程頤、朱熹及項安世之說。

祀與戎。」〔註34〕所以首言祭祀，而「祭之大者，無出於上帝。」〔註35〕食物又可用以養人、接待賓客，而「賓客之重者，無過於聖賢。」〔註36〕此中享上帝只說「亨」，而養聖賢卻言「大亨」，其意並非「養聖賢」高於「享上帝」，俞琰曾對此加以解釋說：

> 上用以享上帝，下用以享聖賢，蓋非一人奉養之私也。烹飪之要，莫過祭祀、賓客。而祭祀之重者，莫過上帝；賓客之重者，莫過聖賢，故曰：「聖人亨以享上帝，而大亨以養聖賢。」……享帝只曰「烹」，養聖賢乃曰「大烹」，何也？……非謂待人臣之禮過於享帝也。蓋天道尚質而貴誠，享上帝唯用特牲而已，故直言「亨」；人事尚文而貴多，享聖賢則饗飧牢醴，當極其盛，非備物厚禮，不能養也。故曰「大亨」。「大」言其廣大而周遍，非謂尊大之也。〔註37〕

祭祀上帝重在誠而質樸，所以用「特牲」禮，只用一隻小牛犢，用鼎烹煮後，然後奉獻上帝。因只用一隻小牛，所以只說「烹」。養賢之禮重在豐盛，所以宴饗賓客用「太牢」，也就是用牛、羊、豕三牲，而且牛之角須有一尺長，可以說是豐盛之極，所以說是「大烹」。這裡的「烹」與「大烹」，沒有高低輕重之義，並非尊聖賢而輕上帝，而是就配合祀天與養賢之精神而言。所以，王夫之也說：「郊用特牛，故不言大。享賓之禮，牛羊豕具焉，故曰大。」〔註38〕

《象傳》中明確述及「尚賢」、「養賢」共有上述三則，都是六五與上九相遇。李光地說：「凡《易》中五上二爻，六五下上九，則有尚賢之義。」又說：「卦有曰尚賢、養賢者，皆是六五上九相遇，〈大有〉、〈大畜〉、〈頤〉、〈鼎〉是也。此卦〈頤〉為養義，而六五又賴上九之養以養人，故曰：聖人養賢以及萬民也。」〔註39〕由李光地之說可知，此處之「養賢」說，是六五之君賴上九之頤養，猶如六五之陰承上九之陽一般。此處是以陰陽之相互比應承乘以解經，又以天地運行之規律以說頤養之道。除了上舉三卦外，李光地又舉了〈大有〉，試觀《象‧大有》：「大有，柔得尊位，大中而上下應之曰大有。

〔註34〕 〔唐〕孔穎達，《左傳正義》，《十三經注疏》〈宣公13年〉，卷27，頁10。

〔註35〕 〔清〕李光地，《周易折中》，頁607。

〔註36〕 〔清〕李光地，《周易折中》，頁607。

〔註37〕 〔元〕俞琰，《俞氏易集説》，〈象傳下〉，頁25。

〔註38〕 〔清〕王夫之，《周易內傳》，《船山易傳》（臺北：夏學社出版事業有限公司，1980年），頁355。

〔註39〕 〔清〕李光地，《周易折中》，頁567。

其德剛健而文明，應乎天而時行，是以元亨。」文中並無尚賢之義。稱〈大有〉有尚賢義者，是《繫辭傳》。《繫辭傳》引〈大有〉上九爻辭「自天佑之，吉無不利」，說：「《易》曰：自天祐之，吉無不利。子曰：祐者，助也。天之所助者，順也；人之所助者，信也。履信，思乎順，又以尚賢也，是以自天祐之，吉無不利也。」祐與佑同。文中認爲六五尊尚上九，〔註40〕因爲尚賢，所以說「自天祐之，吉無不利」。

　　考諸《易經》六十四卦，五上二爻，六五遇上九，共有十六卦，除上述四卦外，其餘十二卦並無此說。而凡是九五的三十二卦，《象傳》都沒有出現尚賢說。而出現尚賢說之《象・大有》「應乎天而時行」、《象・大畜》「應乎天也」、《象・頤》「頤之時」，都強調「天」、「時」，由此可見，《象傳》之尚賢義是就特定之「時」而說，並無普遍義。而這個「時」，也就是在天地運行中的一個時節，所以《象傳》常說「與時偕行」。

　　孔子的「舉賢才」是站在爲政者的立場，墨子的「尚賢」，是建立在其學說體系中的一個環節，是其「天志」、「尚同」、「兼愛」、「非攻」等理論落實的具體措施。〔註41〕而《象傳》之尚賢、養賢說，則是基於其天道觀的理論基礎下所發展出來的結果。此三者，不可渾同而論。

三、重民思想

　　自從武王牧野之戰，一舉克殷，取代商王朝之後，周人爲了在政權的轉移上有一個合理的解釋，便對天命觀和上帝觀提出了修正。《詩・文王》：「天命靡常」、「殷之未喪師，克配上帝。宜鑒于殷，駿命不易。」〔註42〕周公用敬德說明天命的動向，告誡成王，此天命得之不易，不要在其身而斷絕。此外《書・康誥》：「天畏棐忱，民情大可見。」〔註43〕文中甚至提出上帝的威嚴和誠心，可以從民情上看見。《左傳・襄公三十一年》魯穆叔引《太

〔註40〕《周易本義》、《周易程氏傳》都說尚賢是上九之事，然而李光地引郭雍、鄭汝諧、王宗傳、胡炳文四人之說以辨之，認爲尚賢是六五尊尚上九之義。《周易折中》，頁148～149。本文參照其他三則象辭，認爲李光地之說合於《象傳》解經之常例，本文從之。

〔註41〕參見拙著，〈韓愈「孔墨必相用」說之辨析〉，《鵝湖月刊》，320（2002 年 2月）：32～33。

〔註42〕屈萬里，《詩經詮釋》（臺北：聯經出版事業公司，1983 年），頁 451。

〔註43〕屈萬里，《尚書今註今譯》（臺北：臺灣商務印書館，1979 年），頁 98。

誓》「民之所欲，天必從之。」而《孟子‧萬章上》也引《太誓》「天視自我民視，天聽自我民聽。」這些都是用民心以釋天命之動向。另外，西周還提出一個新的政治概念——保民。《書‧康誥》中說「用保乂民」、「用康保民」、「惟民其康乂」、「用康乂民」、「乃以民寧」、「爽惟民，迪安康」等，是武王封康叔於衛時，反覆地告誡康叔之辭，〔註44〕這可以說是西周初期重民、保民的思想。

到了戰國時代，孟子在「人民／社稷／國君」之相對關係中，對人民極為重視，《孟子‧盡心下》說：「民為貴，社稷次之，君為輕。」甚至說民心之向背是國家興亡之關鍵。《孟子‧離婁上》說：「暴其民甚則身弒國亡，不甚則身危國削」、「桀紂之失天下也，失其民也；失其民者，失其心也。得天下有道：得其民，斯得天下矣。」《孟子‧盡心下》：「得乎丘民而為天子。」孟子以民心決定政權之得失，甚至用民心去詮釋天命之依歸，《孟子‧萬章上》：「天不言，以行與事示之而已矣。」、「天與之，人與之。」說的都是以民為本的政治思想。

「民惟邦本，本固邦寧」，人民是一個國家之根本的觀念其實是春秋戰國時代的為政者及思想家們所共有的認知，《象傳》作者處於這個年代，在解經的文字中共有四則明確提及「養民」、「樂民」、「不害民」的看法，以下先略為疏解之。

1、《象‧頤》：「天地養萬物，聖人養賢以及萬民。」高亨說：

> 天地之於萬物，應其時而養之，故萬物能生活長成；如失其時，則萬物傷矣。聖人之於賢人及萬民，亦應其時而養之。〔註45〕

俞琰也曾就此而論說：

> 天地之衣養萬物，當寒而寒，當暑而暑，不失其時，則萬物各得其宜。聖人之於萬民也亦然，聖人養萬民，豈能一一遍及哉？其先務則為養賢而已，賢者得所養，則體聖人之意，以下及萬民。然亦安能家至戶給而與之食哉？不違其農時而已。〔註46〕

二文都認為，《象傳》所謂聖人應衣養萬民，是根據天地長養萬物的規律，天地養萬物並非是天地之仁德，天地只是依著四時之交替，寒暑冷熱的變化而

〔註44〕屈萬里，《尚書今註今譯》，頁98～103。
〔註45〕高亨，《周易大傳今注》，頁197。
〔註46〕〔元〕俞琰，《俞氏易集說》，〈象傳上〉，頁36。

長養萬物。聖人也應法天地之規律,「不違農時」,讓穀物依時生長,則人民自然得養,並非「家至戶給而與之食」。所以聖人之養萬民,並非積極主動的作爲,而是排除不應有之作爲,讓萬物自然生養,則人民自然得養。

2、《易‧益》:「益,利有攸往,利涉大川。」其原意是說:「利於有所往,利於渡過大河川。」〔註47〕而《彖‧益》則加以發揮說:

> 益,損上益下,民說無疆,自上下下,其道大光。利有攸往,中正
> 有慶。利涉大川,木道乃行。益,動而巽,日進無疆。天施地生,
> 其益無方,凡益之道,與時偕行。

〈益〉的下卦是震,震爲動;上卦是巽,謙遜也,所以說〈益〉的卦象是動而謙遜。就人事上說,動而謙遜,則日進無疆。「猶天氣施於地而化生萬物,其益廣大而無方也。凡此益道,時行則行,亦行其所當行耳,故曰:『益,動而巽,日進無疆。天施地生,其益無方。』」〔註48〕〈益〉與〈損〉雖然卦畫正好相反,然而卻都是「損剛益柔」。〈損〉是三之陽爻上行至上,上之陰爻下來至三,即損在下剛,益在上之柔,所以說是:「損下益上,其道上行」。而〈益〉則是四之陽爻下來至初,初之陰爻上行至四,即損在上剛,益在下之柔,所以《彖傳》解釋說「損上益下」。以陰陽之間,二卦都是損陽以益陰。以二體之往來而論,則有「損上益下」與「損下益上」之別。比之於人事,〈損〉是損下益上,〈益〉是損上益下。「凡物,以下爲本。故損下則謂之損,益下則謂之益,而上之損益皆不與焉。草木之根,牆屋之基,人之氣血皆然,凡稱損益盈虛者,皆以下言也。」〔註49〕然而「下不可損也,取其道以輔於上,則可,故曰:『損下益上,其道上行』,明非取其財力。剛不可損也,減其太過,以歸於中,則可,故曰:『損剛益柔有時』,明非樂於損剛也。」〔註50〕所以,上當益下則益下,並不是爲了使「民說無疆」而益下,「民說無疆」只是說明「以上益下」之時,所產生的自然現象,就猶如春生夏長,只是時節當然耳。

天地生成長養萬物,是透過春夏秋冬四時氣候的交替,而這四時是不時地往前推進,而且是巽順地輪替,這是一種自然的規律。《彖傳》就上下卦天

〔註47〕張立文,《周易帛書今注今譯》,頁741。
〔註48〕〔元〕俞琰,《俞氏易集說》,〈象傳下〉,頁15。
〔註49〕〔宋〕項安世,《周易玩辭》,卷8,頁16。
〔註50〕〔宋〕項安世,《周易玩辭》,卷8,頁14。

地陰陽之消長加以闡發，然而其總原則仍是在「時」，所以在最後總結說：「凡益之道，與時偕行」。金景芳曾就此而說：

> 「凡益之道」二句合人事、自然兩方面言損上益下之道唯在一個「時」字，時當益則益，時當損則損。在自然界，春不至不生，夏不至不長；在人事上，歲不歉不與，時無災不賑。總而言之，益之道「與時偕行」，講的是規律問題。益有規律，在天道，氣候既至，不會不益；在人道，時候正當，不可不益。〔註51〕

文中說明：「凡益之道」不論是就人事或自然界而論，都應順應天地運行之規律，時當益下則益下，並不是為了使「民說無疆」而益下，「民說無疆」只是說明「以上益下」之時，所產生的自然現象。俞琰解釋「損剛益柔有時，損益盈虛，與時偕行」（《象·損》）說：「今夫損下益上之時，損其剛，益其柔。蓋損其所當損，益其所當益也，故曰：『損剛益柔有時』。人事有盛衰，天道有盈虛。盈則必消，虛則必息，此天道之損益也。是故盛而有餘則損之，衰而不足則益之，與天道並行而不相悖，故曰：『損益盈虛，與時偕行』。此象傳凡三言『時』，蓋極論損下益上、損剛益柔，隨其時則可，非其時則不可。」〔註52〕不論是天道之盈虛，還是人事之盛衰，盈則必消，虛則必息，盛則必損之，衰則必益之，這是天道之規律，也是人事之規律。損益盈虛，只是隨著時間之推移而遞變，如四時一般的交替。就如《老子·77章》所說的「天之道，其猶張弓與！高者抑之，下者舉之，有餘者損之，不足者補之。天之道，損有餘而補不足。」時當損則損，時當益則益，如時逢凶年，那麼祭祀之供品則當損，「二簋可用享」，然而祭祀上帝鬼神用二簋，並不是常禮，而是因為年歲歉收，只是時當損則損。

　　3、《易·兌》：「兌，亨，利貞。」其原意是說：「筮遇此卦，可舉行享祭，乃有利之占問。」〔註53〕而《象·兌》則加以發揮說：

> 兌，說也。剛中而柔外，說以利貞，是以順乎天而應乎人。說以先民，民忘其勞。說以犯難，民忘其死。說之大，民勸矣哉。

《象傳》用上下二體之爻位爻德進行闡釋，〈兌〉卦之二、五都是陽爻，而各居二體之中，所以稱為「剛中」。而剛健之德就是「天之理」，所以《象·乾》說

〔註51〕金景芳、呂紹綱，《周易全解》，頁300。
〔註52〕〔元〕俞琰，《俞氏易集說》，〈象傳下〉，頁14。
〔註53〕高亨，《周易大傳今注》，頁349。

「天行健」。〈兌〉之「六三爲柔爻，居下兌之上位；上六爲柔爻，居上兌之上位，故又稱爲『柔外』。柔在外又象徵對外待人接物柔和而不粗暴」，〔註54〕所以說是「應乎人」。這裡是用爻之陰陽在卦中的爻位與爻德間之相和合而論。而陰陽又象徵天地，由此比之於人事，所以說「順乎天而應乎人」。「聖明的統治者，在行說之道的時候，只考慮如何順乎天而應乎人，不想怎樣使天下人擁護自己。天下人中心悅而誠服，不過是他順乎天而應乎人的客觀結果，不是他的初始居心。」〔註55〕

由上可知，《象傳》所說的「說民」之道，是從天地運行的高度去論人間施政自然之結果。爲政者順著這天地之道而施政，自然「民忘其勞」、「民忘其死」。爲政者「絕不爲了取悅於民而行說之道，但是，只要他在行說之道的時候，能夠順乎天而應乎人，那麼，他必然會『說以先民』。平時就注意使人民飽食、暖衣，養生送死無憾，必然會『說以犯難』。」〔註56〕由是而論，《象傳》所說的「說民」，並不是施政的動機、方式或是目的，而是以天地運行之規律施之於人間之政治所自然達到的結果。

4、《易‧節》：「節：亨，苦節，不可貞。」其原意是說：「人有節度，則能亨通。如苦於有節度，則其行事，不可得正矣。」〔註57〕而《象‧節》則加以發揮說：

> 節，亨，剛柔分而剛得中。苦節，不可貞，其道窮也。說以行險，
> 當位以節，中正以通。天地節而四時成。節以制度，不傷財，不害
> 民。

《象傳》透過「天地節而四時成」的規律現象，進而論一個國君之施政也應效法天道，在財政以及個人的享樂方面都能夠順應「天地節」之規律，如此則能做到「不傷財，不害民」。這裡的「不傷財，不害民」，不是施政的動機或是目的，而是順乎天地運行的規律所自然形成的結果。徐志銳曾就此而說：

> 進而又說，天地自然規律也都是有節制的，……其運行無毫釐之差，
> 始終是恰到好處而無過越，所以年復一年地運行，永無止息，這不
> 是有所節制嗎？而且，人類社會也是如此。國君如能量財之所入，

〔註54〕 徐志銳，《周易大傳新注》，頁 362。
〔註55〕 金景芳、呂紹綱，《周易全解》，頁 410。
〔註56〕 金景芳、呂紹綱，《周易全解》，頁 410。
〔註57〕 高亨，《周易大傳今注》，頁 356。

計民之所用，然後定出稅收的法度，使之既不過重，也不過輕，節
制在適中的水平線上，這樣做，既不傷損國家的財政收入，又不妨
害老百姓的繼續生存，整個的統治秩序也就能長久維持下去。〔註58〕

文中反復地說明人類社會應效法天道運行之規律，尤其一國的財稅制度，必
須要如湖泊之節制水流一般，如此則人民才能永無匱乏之虞，而國家也才能
長治久安。「不傷財，不害民」是「節以制度」自然的結果。在施政上，只是
斟酌損益制定適宜的制度，不要有過多積極的作為，不要對人民諸多的干擾，
則百姓就如四時之運行般，自在地生息。

《彖傳》中明確提到「養民」、「說民」、「不害民」的共有上述四則，這四
則所論，都是依循著天道運行之規律，施之於政事上所自然形成的結果。其所
謂「養萬民」，是如天地般「應其時而養之」；所謂「民樂無疆」，是建立在當益
則益、當損則損、「與時偕行」的思想基礎上；所謂「說民」，是順乎天地規律
而自然應乎人的結果；所謂「不害民」，也是以天地的規律，行之政事，「節以
制度」自然的結果。這些觀點都是從天道之規律，以推施政之行宜。而天道是
一種客觀的規律，不能主觀地說它是「仁」或「不仁」，「仁」或「不仁」是屬
於道德判斷，道德判斷是屬於「應然」的問題，這裡不是「應然」的問題，所
以，這裡所說的「樂民」，並非是道德上應然的施政作為，而是依循著天道運行
的規律以行事罷了。也就是說，這裡的「樂民」，並非是施政的目的或是對象。
如果施政者心存這些目的而去作為，則必定是揠苗助長，因為諸多的作為只會
讓人民無所措手足而已。《彖傳》強調的是「順乎天」，則自然是「應乎人」。這
一類的思想不同於孟子的觀點，反而是接近於道家的思想。孟子的「民本」思
想是建立在其所謂「王道」的基礎上，強調的是天命及政權之轉移完全以民心
之向背為依據。而道家的思想則是沒有目的性的，只是如天地一般，隨順著事
物之生長，不加以過多的干預，則自然「甘其食，美其服，安其居，樂其俗」
（《老子·80章》），不保民而民自保，不悅民而民自悅矣。

四、改革思想

武王滅殷之後，提出「天命靡常」的觀點，證明其以臣伐君的正當性。
然而這個說法長期以來一直被人們懷疑著，即使經過了七、八百年，到了戰

〔註58〕徐志銳，《周易大傳新注》，頁374。

國的孟子時代，一些國君仍然對此質疑。《孟子·梁惠王下》：「齊宣王問曰：『湯放桀，武王伐紂，有諸？』孟子對曰：『於傳有之。』曰：『臣弒其君，可乎？』曰：『賊仁者謂之賊，賊義者謂之殘。殘賊之人，謂之一夫。聞誅一夫紂矣！未聞弒君也。』」這裡孟子對於三代政權的移轉，賦予其合理性。而對於為政者，亦賦予道德義。如若為政不仁，「暴其民甚，則身弒國亡」（《孟子·離婁上》）。在先秦時期，首先提出一國的淪亡，甚至是朝代更替合理性的是孟子，而其政權移轉的依據則是民心，《孟子·離婁上》：「桀紂之失天下也，失其民也；失其民者，失其心也。」如若深得民心，則天即賦與其天命，所以，《孟子·盡心下》說：「得乎丘民而為天子」，《孟子·萬章上》則說：「天與之，人與之。」

　　年代界於孟、荀間的《象傳》，在其解經的文字中也提到改革的觀點，計有二則，以下先略為疏解：

　　1、《易·蠱》：「蠱：元亨。〔註59〕利涉大川。先甲三日，后甲三日。」其原意是說：「筮遇此卦，可舉行大享之祭。涉大川則利，但須在甲前三日之辛日與甲後三日之丁日。」〔註60〕而《象·蠱》則加以發揮說：

　　　　蠱，剛上而柔下，巽而止，蠱。蠱，元亨，而天下治。利涉大川，
　　　　往有事也。先甲三日，后甲三日，終則有始，天行也。

〈蠱〉的上卦為艮，艮屬陽卦；下卦是巽，巽屬陰卦。以上下二體而論，三陽爻都在三陰爻之上，所以《象傳》說「剛上而柔下」。「元亨」，原來只是說大享之祭，而《象傳》則解為「而天下治」。《雜卦傳》說：「隨，無故也。蠱則飭也。」韓康伯注說：「飭，整治也。蠱所以整治其事也。」〔註61〕朱熹對此解釋說：「治蠱至於元亨，則亂而復治之象也。亂之終，治之始，天運然也。」〔註62〕金景芳則解釋說：「《序卦傳》說蠱是事，其實蠱字不能訓為事，很像木質的器物由於木氣長期不得宣暢而生蠱，元氣萎敝，積久而壞。一個人發生疾病，一個社會發生動亂，都屬於這種情況，都是壞極而有事。」〔註63〕

〔註59〕《帛書周易》作「元吉，亨。」張立文引甲骨文殷代曆法為證，古人以辛日和
　　　　丁日為吉日，其說合理。《周易帛書今注今譯》，頁220～221。然而在王弼本、
　　　　周易集解本、周易本義本，則均作「元亨」，無「吉」字，《象傳》援引之經文，
　　　　亦作「元亨」。本文圍於主題，從《象傳》及通行本之文，而存張立文之說。
〔註60〕高亨，《周易大傳今注》，頁153。
〔註61〕樓宇烈，《老子、周易王弼注校釋》，頁588。
〔註62〕〔宋〕朱熹，《周易本義》，卷1，頁39～40。
〔註63〕金景芳、呂紹綱，《周易全解》，頁154。

一個國家社會如已壞極則須變革而加以整治，此中「而」是一個轉折詞，「天下治」是指天下平治的開始，而非天下已大治，也就是由亂轉治，朱子說這是天地運行的一種規律。

天下敗壞而加以變革，當然首須頒定新制的法令，新法令之頒布則選擇在辛日。古代用天干地支記年、月、日、時，循環反覆。天干是甲、乙、丙、丁、戊、己、庚、辛、壬、癸，每年十二月，每月一般是三十天，三十天又分爲三旬，一旬十天，每旬的第一天是甲日，第二天是乙日，第三天是丙日，第四天是丁日，依此類推，第十天是癸日。接著又是下一旬的第一天是甲日，如此循環不已。因爲甲日是天干的開始，所以古代君主如要實施新的政令，都會選擇在甲日作爲「宣令之日」。而政令的實施又必須提前三天公佈讓民眾知曉，即「先甲三日」爲辛日，取「辛」與「新」同音假借。而政令宣布後三天內，民眾如有違犯則反覆叮嚀告誡，不予論罪，所以說「后甲三日」。〔註64〕由上可知，古時政令之變革，在先甲三日的「辛」日頒布，只是取其與「新」同音，然而《彖傳》卻就此藉以發揮說「終則有始，天行也」，說是政令的變革，猶如四時的運行。四時既終，更復從春爲始，是一種終始循環的過程，是一種天地間自然的規律，用天地的規律去解釋古時改革政策的頒布。

對於政令的變革，《彖傳》用自然規律去解釋。至於朝代的更替，《彖傳》也是用天地之道去解釋。

2、《易・革》：「革，巳日乃孚，元亨，利貞，悔亡。」其原意是說：「祭祀之日要有虔誠之心，則始而亨通，宜於占問，困厄便可喪失。」〔註65〕也是就事問占所得的論斷之辭，其所問之事，行之並無不宜；至於其所困惑之境況，即日便會解除。卦辭只是這般指示而已，而《彖・革》則加以發揮說：

> 革，水火相息，二女同居其志不相得，曰革。巳日乃孚，革而信之。
> 文明以說，大亨以正，革而當，其悔乃亡。天地革而四時成，湯武
> 革命，順乎天而應乎人，革之時，大矣哉！

〈革〉的上卦爲兌，兌爲澤，澤中有水；下卦爲離，離爲火，所以〈革〉之

〔註64〕 「先甲三日，后甲三日」歷來注家說法不一，本文根據〔宋〕朱熹和〔清〕惠棟之說爲主。〔宋〕朱熹說：「甲，日之始，事之端也。先甲三日，辛也；后甲三日，丁也。」《周易本義》，卷1，頁39。〔清〕惠棟說：「白虎通曰春秋傳曰：以正月上辛。尚書曰：丁巳用牲於郊。先甲三日，辛也；後甲三日，丁也。皆接事昊天之日，故傳曰天行。」《周易述》，《皇清經解》，冊1，卷337，頁12。

〔註65〕 張立文，《周易帛書今注今譯》，頁549。

卦象是水在火上。水在火上，水勢如大於火勢，則水將會滅火；如火勢大於
水勢，則火將滅水。在這種情況下，水與火必是相滅，必是改變現有的狀態，
所以說「水火相息」。如以家中之倫理解之，則兌為少女，離為中女，少女在
中女之上，長幼關係紊亂必相爭，此時必須有所變革，所以此卦稱為〈革〉。
接著《彖傳》解釋卦辭「巳日乃孚，元亨，利貞，悔亡」之意，釋其意盡，
又引申出「天地革而四時成，湯武革命，順乎天而應乎人，革之時，大矣哉！」
關於這一段文字，俞琰闡釋說：

> 天地之間，寒往則暑來，暑往則寒來，春已盡則革而為夏，夏已盡
> 則革而為秋，秋已盡則革而為冬，冬已盡則又革而為春，故曰：「天
> 地革而四時成」。王者之興，受命於天，故易世謂之革命。桀紂無道
> 而天災流行，人心離散，此天命當革之時也。於時，夏命迄而湯革
> 之，商命迄而武王革之，上以順乎天意，下以應乎人心，故曰：「湯
> 武革命，順乎天而應乎人。」時當天道之變更，人事之改易，此蓋
> 革之至大者也，故贊之曰：「革之時，大矣哉！」〔註66〕

文中說天地間運行之最大規律就是四時，在這春夏秋冬之交替上，可以說是
前一個季節之時節已盡，則必須更替為下一個時節。比之於人事上，則在上
一個朝代衰敗已極之時，必然會有一個新的朝代應運而生。就如商之代夏、
周之替商一般，已至交替之時，其勢不得不然。就如秋之代夏，夏之替春，
是天地運行的必然規律。《彖傳》用「湯武革命」來說明時逢變革之時則必然
造成朝代的交替，如此之交替是天地間運行的一種規律。當然，人們的行事
都必須是順應著這天道的運行，所以說「順乎天」則必是「應乎人」。如果沒
有這四季的交替，或是朝代的變革，那麼萬物將無法滋生，而時代也必然無
法推陳出新。這種「盈虛消長，與時偕行」的思想，可以說貫串著整部《彖
傳》的內容。就此，徐志銳也曾說：

> 天地之間，寒往則暑來，暑往則寒來，春盡變革而為夏，……這是
> 天地自然界四時的不斷變革，從而才使萬物新陳代謝生生不已。說
> 明變革是天地自然規律的必然性，沒有變革，就沒有自然界的永恆
> 發展。人類社會也是如此，商湯趕走夏桀，殷紂王無道，周武王取
> 而代之，這就叫做革命，而這種革命既順乎天命規律的自然，又應
> 乎人心所向，是「革而當」。由此可見，上自天地自然界，下至人類

〔註66〕〔元〕俞琰，《俞氏易集說》，〈彖傳下〉，頁24。

　　社會的自然發展，都是處在不斷變革中，革卦的卦時豈不重大，於
　　是讚嘆說：「革之時，大矣哉！」〔註67〕

文中也是用「盈虛消長」說明自然界及人類社會之發展，都是用「推天道以
明人事」的方式解釋「湯武革命」之必然發展與時代性。在這之中沒有所謂
的對與錯、是與非、應當與否的問題，這裡不是「應然」的問題，而是一種
「必然」的規律。是「必然」，就不是道德判斷，而只是一種規律的發展。就
如《老子・5 章》所說：「天地不仁，以萬物為芻狗；聖人不仁，以百姓為芻
狗。」這裡所說的也是一種「必然」的現象與規律，天地之運行，是依循著
自然的法則，這之中沒有所謂「仁」與「不仁」，不能用道德判斷去解釋天地
運行之規律。道德判斷是人類社會行為相互間的關係所產生出來的，是「人」
與「人」之間的問題，並不是天地間原有的法則。聖人也與天地一般，只是
依循著這自然的法則，任由人們之生生不息。生生不息也必然含蘊著不斷地
生死交替，就猶如春夏秋冬之交替一般，春生、夏長是天地之規律，秋冬時
的肅殺之氣，也是自然之規律。《象・革》的所謂「湯武革命」也是基於這樣
的思想論斷，是一種自然的規律，而不是基於道德的價值判斷。《象・革》所
說的「天地革而四時成」與《象・節》所說的「天地節而四時成」其觀點是
一致的，都是就天地運行的規律以說人世間的種種現象。

　　就用詞而論，《象傳》的觀點似乎是承襲孟子的思想而來；但是如果就其
根據的原理而論，它反而是接近於道家之說。其改革行為是「必然」的命題，
其結果也是「必然」的，這之中，沒有道德問題，說的只是一種天地間的規
律。然而孟子所說的革命觀點，其根據是民本思想，這之中有著一股強烈的
道德判斷，是「應然」的命題，其結果也是「應然」的。《象傳》論其「必然」
性，其心中是一份清醒冷靜的理智態度，是屬於道家的智慧；而孟子說其「應
然」性，其心中則充滿著一股道德使命，是屬於儒家的社會責任感。雖然二
者都一樣說「順乎天而應乎人」，然而《象傳》所重在「天」道運行之規律，
而孟子則是重在「人」心之向背。

五、人文化成的思想

　　就政治思想以及施政措施而言，一般可以分成二個系統：德、禮和刑、

〔註67〕徐志銳，《周易大傳新注》，頁310。

法。在儒學系統中，其施政理論是建立在周文的禮樂制度上，其道德要求是合於「禮」，其所謂德政是以禮施政，而爲政者則須以身作則，所以《論語・爲政》說：「爲政以德，譬如北辰，居其所而眾星共之。」另外《論語・爲政》又說：「道之以政，齊之以刑，民免而無恥；道之以德，齊之以禮，有恥且格。」可見儒家所重在爲政者之道德教化以及周文的禮樂制度。

除了儒家主張的禮治以外，在政治思想上，還有一派人士則主張「以法治國」，《管子・明法》說：「威不兩錯，政不二門。以法治國則舉錯而已。」因爲春秋之時，宗法已形同瓦解，「禮」已崩，「樂」已壞，所以在子產相鄭時，則作刑書，而晉則鑄刑鼎，以法作爲規範人民行爲的準則。

到了戰國中期，孟子的時代，各國所重的已經都是攻伐、合縱連橫之事，可以說軍國之策等同於一國之政，這時已經不講德與禮，只講求富國強兵。生處於孟、荀間的《彖傳》作者，面臨這個時代的課題，他所提出的是一種「人文化成」的觀點，在《彖傳》中論及之處計有五則，以下先略爲疏解：

1、《易・豫》：「豫，利建侯行師。」其原意是說：「筮遇此卦，建侯、行師皆有利。」〔註68〕而《彖・豫》則加以發揮說：

> 豫，剛應而志行，順以動，豫。豫順以動，故天地如之，而況建侯
> 行師乎？天地以順動，故日月不過而四時不忒；聖人以順動，則刑
> 罰清而民服。豫之時義，大矣哉！

〈豫〉的下卦爲坤，上卦爲震。坤，順也；震，動也，所以《彖傳》解釋〈豫〉的卦象是「順以動」。接著說「順以動」，天地的運行都順著這個客觀的規律，何況是建侯、行師的事呢？「天地順其固有的規律而運動，所以日月運行不失其常規的法度，而春夏秋冬四時變化無差錯；聖人順其事物固有的規律而行動，則刑罰分明而萬民服從。說明天道人事都是『順以動』，即順從客觀固有的規律而運動。」〔註69〕項安世解釋「刑罰清而民服」說：「刑罰清而民服，非謂簡省刑罰以悅民也，言順理之事，不煩刑罰而民自服，如日月四時無裁抑之者，而其數自不相過，其氣自無差忒，皆順動之驗也。」〔註70〕「順以動」就是天地運行的規律，日月的運行，四時的變化，都是依循著這個規律而運動，也因此表現出一種常規而沒有出現過差錯。推之於人事上，聖人之

〔註68〕高亨，《周易大傳今注》，頁141。
〔註69〕徐志銳，《周易大傳新注》，頁109。
〔註70〕〔宋〕項安世，《周易玩辭》，卷4，頁1。

施政也是一般，他只是順著天地運行的這個規律，使得百姓生活也自然而然地有了常規，就如日月的運行，四時的變化一般沒有差錯，而刑罰也自然而然地清簡了。

2、《易·賁》：「賁，亨，小利有攸往。」〔註71〕其原意是說：「賁，亨通，有小利可以有所往。」〔註72〕而《象·賁》則加以發揮說：

> 賁，亨，柔來而文剛，故亨。分剛上而文柔，故小利有攸往。剛柔交錯，〔註73〕天文也。文明以止，人文也。觀乎天文以察時變，觀乎人文以化成天下。

徐志銳對此曾加以解釋說：

> 天的本質不可見，而剛柔交錯的現象卻人人可以看得見，如日往則月來，月往則日來，日為陽、為剛，月為陰、為柔。日月一往一來交互錯雜文飾於天上，通過這種現象也就可以認識天的本質，也可以說天的本質就是剛柔的對立統一。……如君臣、父子、兄弟、夫婦、朋友互相接交都有禮儀上的分寸不可逾越……最後用「觀乎天文以察時變，觀乎人文以化成天下」總結全句。是說觀視天文日月剛柔交錯的現象，就能察知四時寒暑相代謝這種本質性的規律；觀視人的文明禮儀各止其分的現象，就可以教化天下，使人人能具備高尚的道德品質。〔註74〕

文中解釋《象傳》的「人文化成」，是從天文的規律上說。天地間最大的現象是一種陰陽剛柔間的不斷地推移變化，就像是日月的交替、寒暑的變化，或是四季的輪替。在此天文的變化上，必須各止於其分，不互相侵陵。如日之為日、夜之為夜、寒之為寒、暑之為暑、春夏秋冬之各為其節。《象·節》所說重在各有所限止而不逾越，《象·革》則重在其間的交替上，而此處《象·

〔註71〕「小利有攸往」，〔清〕阮元校勘記曰：「岳本、閩、監、毛本同。石經利字旁添貞字。」《十三經注疏·周易注疏校勘記》（臺北：藝文印書館，1982年），卷3，頁5。張立文依帛書周易本仍作「小利有攸往」《周易帛書今注今譯》，頁198。《象傳》援引之文亦作「小利有攸往」，本文從《象傳》、帛書周易及通行本之文。

〔註72〕張立文，《周易帛書今注今譯》，頁198。

〔註73〕〔魏〕王弼注：「剛柔交錯而成文焉，天之文也。」〔唐〕孔穎達疏：「剛柔交錯成文，是天文也。」《十三經注疏·周易正義》，卷3，頁14。〔宋〕朱熹：「先儒說『天文』上當有『剛柔交錯』四字，理或然也。」《周易本義》，卷1，頁45。以上學者均認為「天文也」之上當有「剛柔交錯」四字。本文從之。

〔註74〕徐志銳，《周易大傳新注》，頁145～146。

賁》所重則在各自的特性上。由此推之於人事，則君臣、父子、兄弟、夫婦、朋友等互相接交都有禮儀上的分寸，不可逾越，因此形成人文。為政者如若依循著這種天道，則自可化成天下。

3、《易‧離》：「離，利貞，亨。畜牝牛吉。」其原意是說：「利於占問，享祭，要畜養母牛為祭品，則吉祥。」〔註75〕而《象‧離》則解說：

> 離，麗也。日月麗乎天，百谷草木麗乎土，重明以麗乎正，乃化成
> 天下。柔麗乎中正，故亨，是以畜牝牛吉也。

《象傳》首先解釋「離」的意思。離，在這裡是附麗、依附的意思，而這附麗的現象普遍地存在於天地萬物之中。就猶如日月依附於天而運轉，照亮大地，滿山遍野的草木依附於大地而生長。〈離〉的上下二體都是離，離之卦象為明，所以說是「重明」。其中的「正」，俞琰認為：「正指下離而言，下三爻蓋皆正也。以上卦之重明附麗乎下卦之正，故曰：『重明以麗乎正』，如《象辭》以重兌為麗澤，亦謂上下卦相附麗。」〔註76〕本文認為「重明以麗乎正」應是承前文「日月麗乎天」而言；而「乃化成天下」則是指「百谷草木麗乎土」。離為日，為明。以卦象言，〈離〉之上下卦都是離，如〈兌〉上下卦都是澤，《象傳》則說是「麗澤」，是二個水澤相依附；如〈艮〉上下卦都是山，《象傳》也說是「兼山」；〈巽〉上下卦都是風，《象傳》就說「隨風」，是二風相隨之意。而此處的重明，當然指的不可能是二日，《說文解字》說：「明，照也。從月囧。」段玉裁注說：「從囧，取窗牖麗廔闓明之意。」〔註77〕所以，「明」之本義應是月亮照在鏤空的窗牖之上，顯出闓明的月光之意，其主體是月，而非是日。也就是月一樣可以作為明的主體，所以這裡的「重明」，可以說是二明，也就是指著日與月。《象‧乾》說：「大明終始」，《象傳》講「終始」，指的都是二者之間的反覆循環，而不是自己的圓形運動。「明」要在天上終始循環，那麼指的必定是日與月。天地之間，日月輪替，不停地照亮大地，而且依循著一定的規律，從不偏差，所以本文說「重明以麗乎正」，其意是指「日月麗乎天」。因為日月依循著正道不停地照耀大地，百谷草木因此才能附麗於大地而生長。這只是舉例說明，不只是草木能夠生長，人類萬物都是如此。以草木而言，則「百谷草木麗乎土」；以人類言之，則自然是「化成

〔註75〕張立文，《周易帛書今注今譯》，頁581。
〔註76〕〔元〕俞琰，《俞氏易集說》，〈象傳上〉，頁40。
〔註77〕〔清〕段玉裁，《說文解字注》，7篇上，頁26。

天下」。這裡也是從天地間之運行規律上說，天地間之日月以其一定的規律照耀大地，人們也應依循這個規律，則自然也能夠化民而成俗。

4、《易·咸》：「咸，亨，利貞。取女吉。」其原意是說：「咸，享祭，有利於占問，娶女則吉祥。」〔註78〕而《象·咸》則闡釋說：

> 咸，感也。柔上而剛下，二氣感應以相與。止而說，是以亨利貞，
> 取女吉也。天地感而萬物化生，聖人感人心而天下和平，觀其所感，
> 而天地萬物之情可見矣。

「咸」，本是卦名而已，而《象傳》則用上下二體加以闡釋。上卦是兌，屬陰；下卦是艮，屬陽。陽本居在上，陰原居在下，而〈咸〉卻是陰反居上，陽反居下。陰在上則其氣必下降，陽在下則其勢必上升，這樣一來一往，則必形成陰陽二氣相互感應，所以《象傳》以「感」釋「咸」，而說：「柔上而剛下，二氣感應以相與。」比之於人事，則如《說卦傳》所說的「艮三索而得男，故謂之少男；兌三索而得女，故謂之少女。」艮的少男與兌的少女相感相悅，所以說「取女，吉。」這樣陰陽二氣「感應以相與」的原理，其實是來自天地間的運行規律。所以《象傳》接著說：「天地感而萬物化生，聖人感人心而天下和平。」俞琰曾就此解釋說：

> 天地感，天地氣交相感也。聖人感人心，謂聖人之心與眾人之心交
> 相感也。然天氣不下降，則地氣不上騰，萬物安得化生？聖人不通
> 天下之志，則下情無由上達，天下安得和平？天地之間有感斯應也，
> 故曰：「天地感而萬物化生，聖人感人心而天下和平。」〔註79〕

天地之化生萬物，是透過天地間的陰陽二氣上下相互感應，所以如果要天下人之心和平安寧，那麼在上位的統治者也必須與在下位的平民百姓相感相應。而且感應之道必須如「男下女」一般的「柔上而剛下」，如此「以上下下」，上下間的氣才能和合如天地之化生萬物一般。這裡所說的化成天下，是根據天地間運行的規律而說。

5、《易·恒》：「恒，亨，無咎，利貞，利有攸往。」其原意是說：「筮遇此卦，可舉行享祭；無災咎；是有利之占問；利於有所往。」〔註80〕而《象·恒》則加以發揮說：

〔註78〕張立文，《周易帛書今注今譯》，頁525。
〔註79〕〔元〕俞琰，《俞氏易集說》〈彖傳下〉，頁2。
〔註80〕高亨，《周易大傳今注》，頁223。

恒，久也。剛上而柔下，雷風相與，巽而動，剛柔皆應，恒。恒，亨無咎利貞，久於其道也。天地之道，恆久而不已也。利有攸往，終則有始也。日月得天而能久照，四時變化而能久成，聖人久於其道而天下化成。觀其所恒，而天地萬物之情可見矣。

俞琰曾對此加以闡釋說：

「天地之道，恆久而不已也」，蓋謂道在不已，所以能久也。釋「利有攸往」乃曰：「終則有始」，何耶？蓋又申不已之意也。若使天地之道，終而不復始，則亦已矣，又安能久？惟其終則有始，是以不已，則久也。又慮其不知天地之道何以恆久而不已也，遂又以日月四時推而明之曰：「日月得天而能久照，四時變化而能久成」，蓋謂日往則月來，月往則日來，其道循環而不已，故能久照也。寒往則暑來，暑往則寒來，其道代謝而不已，故能久成也。若夫聖人者，與天地合德，與日月合明，與四時合序者也。聖人久於其道而不已，故能致天下之化成也。天即道也，日月得天，得此不已之道也；四時變化，無非皆恆久不已之道也。〔註81〕

「恒」，原來只是卦名，《彖傳》把它解釋為「久」。然後解釋說，何以〈恒〉能「亨，無咎，利貞」？因為能「久於其道也」，接著說「恆久而不已也」，正是「天地之道」，「利有攸往」，也是天地終始循環的道理。日月之所以能久照，四時之所以能變化而久成，都是因於天地之道。所以，為政者也必須因於這天地之道，則自然天下化成。文中之「聖人」，如前所論，指的是一國之君。

《彖傳》中論及「人文化成」的共有上述五則，其中不論是說「刑罰清而民服」或是「天下化成」的觀點，都異於儒家與法家所論的禮治和法治。儒家的以禮治國與法家的以法治國，治國本身都是其理論的目的。而《彖傳》所謂的「化成」，並沒有它的目的性，它對於天下的人民，並不是站在治理的立場，而是站在天道流行規律的高度，就如《老子》所說的「天地不仁」、「聖人不仁」。天地之間只是陰陽二氣的流行，這二氣的流行形成四季的輪替，萬物就在四時之中生生不已。萬物的滋生，非天地之仁；萬物的消亡，亦非天地之不仁。《彖傳》這裡所謂的「人文化成」，所根據的是道家天道觀的觀點，所說的都是一種「必然」的規律，而不是「應然」的道德判斷。

〔註81〕〔元〕俞琰，《俞氏易集說》〈彖傳下〉，頁 3～4。

第三節 《黃帝四經》的政治思想

一、道、法結合

《四經》認爲天道的運行是一種必然的規律，萬事萬物也都具有這種規律，而這種必然性也正是由天道所決定的，所以，《經法‧論》說：「明以正者，天之道也。適者，天度也。信者，天之期也。極而〔反〕者，天之生（性）也。必者，天之命也。」對於人間之施政，《四經》也認爲應該要「抱道執度」，則「天下可一也」（《道原》）。這之中的「度」，也即是「法」。而這個「法」，正是由「道」所衍生出來的，也就是說，「法」是「道」在人間施政之落實。因爲「理之所在謂之道」（《經法‧論》），也因此，其所衍生之「法」，就具有判定是非曲直的標準。所以，《經法‧道法》說：

> 道生法。法者，引得失以繩，而明曲直者殹（也）。故執道者，生法而弗敢犯殹（也），法立而弗敢廢〔也〕。〔故〕能自引以繩，然後見天下而不惑矣。

其後接著又說：

> 稱以權衡，參以天當，天下有事，必有巧（考）驗。事如直木，多如倉粟。斗石已具，尺寸已陳，則無所逃其神。故曰：度量已具，則治而制之矣。

這裡所說的都是「強調『法』是治理國家的最公正的法則，指出統治者按這個法則辦事，即可使國家走向大治。」〔註82〕所以《經法‧君正》說：「法度者，正之至也，而以法度治者，不可亂也。」、《經法‧名理》說：「是非有分，以法斷之；虛靜謹聽，以法爲符。」雖然這裡強調的都是法的「唯公無私」，判定是非的唯一標準，然而其根據則是天道，所以，《四經》的法治是「道生法」、「道法結合」的施政，它的根據是天道運行之規律。

二、陰陽刑德思想

《四經》認爲天地運行的規律，是用陰陽的方式表現出來的。所以《稱》說：「凡論必以陰陽〔明〕大義。天陽地陰、春陽秋陰、夏陽冬陰、晝陽夜陰……。」而在社會政治上，則是「刑陰而德陽」（《十大經‧姓爭》），必須刑與德相互

〔註82〕丁原明，《黃老學論綱》（山東：山東大學出版社，1997年），頁97。

為用，才是符合天道。所以，《四經》說：

> 凡諶之極，在刑與德。刑德皇皇，日月相望，以明其當，而盈無匡。
> （《十大經・觀》）
>
> 宿陽修刑，童（重）陰長，夜氣閉地繩（孕）者，〔所〕以繼之也。
> 不靡不黑，而正之以刑與德。春夏為德，秋冬為刑，先德後刑以養
> 生。（《十大經・觀》）
>
> 夫并（秉）時以養民功，先德後刑，順于天。（《十大經・觀》）
>
> 刑德皇皇，日月相望，以明其當。望失其當，環視其央（殃）。天德
> 皇皇，非刑不行。繆繆天刑，非德必頃（傾）。刑德相養，逆順若成。
>
> 刑晦而德明，刑陰而德陽，刑微而德章（彰）。（《十大經・姓爭》）

《四經》用日月之交替運行比喻刑與德必須交互配合使用，其道理是明白易
顯的。又用自然的規律說明刑與德就猶如陰與陽一般，陰陽之在四季，春夏
兩季陽氣充盈，萬物萌發生長，宜施行德政；秋冬兩季陰氣下降，萬物肅殺
凋零，宜正名修刑。由於四時之序是春夏在前秋冬在后，故而要先實行德政
教化，讓萬民休養生息，再隨之以刑政，這就是『順于天』。「《四經》認為，
為政之所以要德刑相輔並用，是因為人事必須符合天道。天道有陰有陽，為
政就要有刑有德。《四經》並根據宇宙間最基本的自然現象陰陽四時的流布運
行，為刑與德的施行確立了根據和法式。」〔註83〕

　　上舉四段文字，《四經》都是用陰陽作為刑德的理論基礎，而陰陽則是天
地運行的規律，由此可知，《四經》的刑德思想是由它的天道觀所發展出來的，
也是其天道觀具體落實的顯現。

三、等級名分理論

　　《四經》認為等級與名分就如同天地之恆常、四時之輪替一般，是天經
地義的，是必須遵守的，《經法・道法》說：

> 天地有恆常，萬民有恆事，貴賤有恆立（位）。天地之恆常，四時、
> 晦明、生殺、輮（柔）剛。萬民之恆事，男農、女工。貴賤之恆立
> （位），賢不宵（肖）不相放。

文中認為人間社會一定有賢與不肖，而賢與不肖不能處於同等的地位，因此

〔註83〕白奚，《稷下學研究——中國古代的思想自由與百家爭鳴》，頁135。

在社會上一定會形成貴賤等級的差別，所以《經法・君正》說：「貴賤有別，賢不宵（肖）衰也。衣備（服）不相綸（逾），貴賤等也。」這個差別就猶如四季的更迭、晝夜的輪替、草木之茂盛與衰落、天地萬物間有陰有陽有剛有柔一般；也像男耕女織，所從事的工作有所不同一般。這裡將貴賤的等級，等同於「天地之恆常」、「萬民之恆事」。所以，《十大經・果童》又說：

　　〔貴〕賤必諶，貧富又（有）等。前世法之，後世既員。〔註84〕

文中認為貴賤的等級是必然的，貧富的差別也是自然的，「貴賤、貧富各有等差的等級制度，過去的時代一直是遵循的」，〔註85〕後世也必須承認和遵循。對於名分思想，《道原》說：

　　無好無亞（惡），上用□□（察極）而民不麋（迷）惑。上虛下靜而
　　道得其正。信能無欲，可為民命；上信無事，則萬物周扁（遍）：分
　　之以其分，而萬民不爭；授之以其名，而萬物自定。

文中認為一個君主不應以個人主觀觀點去有所偏好或有所厭惡，而應以人民各自的名分去確定他們適當的職分，「人們由於各自在尊卑貴賤的等級秩序中的不同地位而確立了自己應遵守的名分，繼而根據自己的名分確定了自己的權利範圍，不生非分之想，不作非分之舉，這樣就可以『萬民不爭』，『民無亂紀』，社會就能安寧有序。」〔註86〕

　　《四經》對於名位之順、逆極為重視，認為順是王霸之本，而逆是危亂之源。所以《經法・六分》說：

　　凡觀國，有六逆：其子父，其臣主，……凡觀國，有大（六）順：
　　主不失其立（位），則國〔有本，〕……主主臣臣，上下不赾者，其
　　國強。……六順六逆者，〔乃〕存亡〔興壞〕之分也。

文中認為觀察一個國家可以從「六逆」和「六順」這二方面注意。六逆指的是子、臣職權超越了其父、君等等，那麼，則其國危；六順是指君主、臣子名副其實，不相僭越，那麼，則「其國強」。最後的結論是：「六順六逆者，〔乃〕存亡〔興壞〕之分也。」

　　由上可見，《四經》對君臣、父子、上下、尊卑的等級名分，是何等的重

〔註84〕「員」一般讀為「緣」，釋為「遵循」。陳鼓應認為「員」應讀為「隕」，意為破壞，如孔子所說的「禮崩樂壞」。《黃帝四經今註今譯》，頁306。

〔註85〕陳鼓應，《黃帝四經今註今譯》，頁307。

〔註86〕白奚，《稷下學研究——中國古代的思想自由與百家爭鳴》，頁122～123。

視。同時《四經》認爲君臣、父子、上下、尊卑的等級名分之所以不可淆亂，是因爲它是取法於天地陰陽之道。所以《稱》說：「主陽臣陰，上陽下陰，男陽女陰，父陽子陰，兄陽弟陰，長陽少陰，貴陽賤陰，……制人者陽，制于人者陰。」另外又說：「諸陽者法天」、「諸陰者法地」，也就是說社會的等級秩序是天地陰陽在人間的具體體現。

四、重民思想

　　《四經》主張統治者的施政措施要順應民心，《經法‧君正》說：「一年從其俗，二年用其德，三年而民有得。四年而發號令，〔五年而以刑正，六年而〕民敬畏，七年而可以正（征）。……俗者，順民心殹（也）。」「君正」即「君政」，論述國君如何爲政理國。在爲政之初，首先必須「從其俗」、「順民心」。《經法‧君正》又曰：「號令闔（合）于民心，則民聽令。」《十大經‧前道》也說：「聖〔人〕舉事也，闔（合）于天地，順于民，羊（祥）於鬼神。」《經法‧四度》亦說：「參于天地，闔（合）于民心。」不論是發號命令，或是國君之行事，都必須合於民心，甚至把民心和天地、鬼神並列。《十大經‧觀》進而說：「優未愛民，與天同道」，把愛民說成是「與天同道」，由此可見，《四經》對於民心是非常重視的。

　　愛民最基本的工作是滿足人民生活之所需，所以，《經法‧君正》在執政之初所制定的七年規劃中，首先是順民心，其次是任賢，次則使民富足，而使民富足的措施，則論述如下：

　　　　人之本在地，地之本在宜，宜之生在時，時之用在民，民之用在力，
　　　　力之用在節。知地宜，須時而樹，節民力以使，則財生。賦斂有度
　　　　則民富，民富則有佴（恥）。

此段文字雖然說的是「地盡其利」、「民盡其力」，則人民自然富足，然而其精神則是在於講論如何順「天道」。《經法‧道法》：「萬民之恆事，男農、女工」，要讓「男農、女工」猶如「天地之恆常」一般，那麼，就必須要「節民力」。「節民力」包括三方面：「〔毋〕苛事，節賦斂，毋奪民時。」（《經法‧君正》）也就是說對人民不要有過多的勞役，不要有過多的賦稅，不要在農忙季節征招勞役。只要人民沒有受到過多的干擾與賦斂，那麼「男農、女工」，就會如天地一般地運行，自然就是「與天同道」了。

　　由上可知，《四經》的重民思想，它的理論依據是「天地之恆常」。天地

有其一定的律則，在治國、民生上，則為「男農、女工」——是天地間陰陽運行在社會民生的落實。

第四節　結　語

　　《黃帝四經》以道為核心，發展出它的政治哲學，其主軸有二：一是道、法的結合，一是道與陰陽刑德的結合。所謂「道生法」，也就是說，法是道在人間政治上的落實，因此，法具有判定是非曲直的標準。然而，法的依據是道，一個執政者應該要「抱道執度」，也就是說，法必須依循於道。而這個道，就是「必者，天之命」——宇宙間運行一定的規律。

　　在陰陽刑德方面，《四經》將天地間的事物全部統攝在陰與陽的範疇中。在施政時，必須刑德相輔為用，因為刑德就如陰與陽一般。施政以刑德相輔就如天地之運行以陰陽而流布，也就是說人事必須符合於天道，以天道施行於人事。由於「天地有恆常」，所以「貴賤有恆位」。社會的等級秩序就如天地間有陰有陽有剛有柔一般，是天道如理之顯現。由「天地有恆常，萬民有恆事」，推出「男農、女工」，就是天地間陰陽運行的規律在社會民生的落實。

　　由上可知，《黃帝四經》的政治哲學是建立在天道的基礎上說，而其所謂天道，主要是表現在運行的規律上，其形式則是陰陽的流行。它認為人間的施政應符合天道，遵循天地的規律，很明顯的是推天道以論人事。

　　而《象傳》中論及政治觀點之命題，其中所說的「正位」與「不當位」，是指陰陽在天地運行中恰如其分或是不當的呈顯，而陰陽的流行是動態的，有其發展性，並不能拘執於一定如此或如彼，因為彼與此之間會呈現出盈虛消長的循環現象。比之於一國的政事，則是一個君子立身行事應依循天地運行的規律，「順乎天」，則自然「應乎人」。其所謂「尚賢」，是以六五與上九間的比應承乘，配合著特定之「時」而論，而凡九五之卦則均無尚賢之義，所以，此說並無普遍義，純粹是推天道的運行以明人世施政的得宜。至於「養民」，則是如天地般「應其時而養之」，是依循著自然天道運行之規律，施之於政事上自然的結果。其所謂「湯武革命」，是天道運行必然的發展。而其所論「人文化成」，對於天下的人民，並不是站在治理的立場，而是站在天道流行規律的高度。

　　《象傳》所論之「正位」、「尚賢」、「重民」、「變革」、「人文化成」等思

想都是就天道運行的規律以論人間施政的準則。既然是規律，就是一種「必然性」。只要是論「必然」，就不是儒家的思想。因爲儒家強調的是道德性，道德是屬於「應然性」，之中有著一股強烈的道德判斷。

　　就命題而論，《象傳》的論點都是儒家所關注的重心，也是稷下學者所論述，由此可知：這些命題應該是時代的共同主題；就其根據之原理──「推天道以明人事」的理論，明顯地應該是受到《黃帝四經》稷下黃老學派的影響。由此可以推論：《象傳》是以黃老道家的思想去詮釋時代的重要政治思想命題，雖然《象傳》與儒家二者都說「順乎天而應乎人」，然而《象傳》所重在「天」之規律，而儒家則是重在「人」心的向背。

第六章　結　論

　　本文從形上、倫理、政治三大思想主軸、十三個思想命題對《彖傳》作思想的探討，並與類似的儒、道二家作比較分析，茲先表列於下：

	彖　傳	孔　子	郭店儒簡	孟　子	老　子	黃帝四經	莊　子
1-1. 萬物根源的特性	1.具生成義、超越性、內在性、遍在性	※	※	※	1.具生成義、超越性、內在性、遍在性	1.具生成義、超越性、內在性、遍在性	1.具生成義、超越性、內在性、遍在性
1-2. 萬物的根源	1.主二元論〈乾元與坤元〉 2.「元」是一抽象之表徵	※	※	※	1.主一元論（道） 2.「道」是實有的存在	1.由道一元論漸轉爲氣一元論 2.道→氣介於實有與抽象之間	1.主一元論（道） 2.「道」是實有的存在
2. 天道的流行	1.透過陰陽的流行 2.終始循環 3.重在「明人事」	※	※	※	1.反者道之動 2.周行而不殆 3.以自然爲本 4.重在遵循道的規律	1.重在陰陽的流行 2.循環互涵的轉化	1.大道周流 2.陰陽的流行 3.萬物的循環 4.天道自然 5.重在人「眞實的生命」
3. 性命思想	1.主性善論 2.性與命都是得自天道之善	1.罕言性 2.命指運命義	1.無性善之說 2.性指自然的人性 3.命指自然的生命	1.主性善論 2.以心善言性善 3.命指運命義	※	※	1.性命指得自天道流行的生命的之本眞 2.命等同於性，主命定義。
4. 人倫思想	1.以男女夫婦爲重心 2.重彼此之比應和合	1.建立在宗法血緣之上 2.重在下對上的德性	1.建立在天的常道上 2.重視謙卑處下	1.以道德作爲人倫的前提 2.君臣關係重其相對平等	※	※	※

5. 義利問題	1.以天道的規律爲準則的義利和合論	1.義以禮樂制度爲標準 2.以義作爲利之前提	1.義利之標準在自然生命上 2.義利無對立性	1.去利懷義	※	※	※
6. 意志自由問題	1.意志標準在於天道	1.人的自由意志在人心的自覺	※	1.人的之意志自由在人心幾希之善	※	※	※
7-1. 對天的認知	1.自然天 2.形上天	人格神的天	1.形上天	1.虛懸的人格神 2.心性之外化	1.自然天 2.形上天	※	※
7-2. 天人關係	1.以人循天	1.以人從天 2.以人敬天 3.以德配天	1.天人相分 2.天人相通	1.以人言天	1.以人法天道	※	※
8-1. 道德修養	1.道德本源在天道 2.順乎天而時行	1 學思並重	※	1.道德本源在心 2.存心養性	※	※	※
8-2. 理想人格	1.體現天道變化而設置政教的聖人	1.政治與道德合一、博施濟眾的聖人	※	1.重道德義的聖人	※	※	※
9. 正位思想	1.在陰陽的流行中各得其位	1.根於周文制度的政治倫理各正其位	※	※	※	1.基於天地的常道	※
10. 尚賢思想	1.站在天地運行中特定的「時」而說 2.無普遍義	1.站在爲政者的立場 2.具普遍義	※	※	※	※	※
11. 重民思想	1.是順乎天地規律而自然應乎人的結果 2.非目的性	※	※	1.國君、社稷均須以民爲本 2.是國家的前提、施政的目的	※	1.是順天地的常道 2.把民心與天地鬼神並列	※
12. 改革思想	1.是天地運行的規律 2.是必然性 3.非道德判斷	※	※	1.以民爲本思想的推衍 2.是應然性 3.具強烈的道德判斷	※	※	※

13.人文化成思想	1.以天道運行的規律施之於民自然的現象 2.不具目的性	1.以德化民 2.以禮治民 3.具目的性	※	※	※	1.主張刑德相輔爲用 2.刑德以天道陰陽爲理論基礎	※

※表示論文中沒有加以論述，並非表示無關，而是與該命題較無直接之論說或非其特色。

　　以上表觀之，本文在論述時是採橫式的論說，如論「性命思想」時，先論《象傳》，再論孔子、郭店儒簡、孟子、莊子，而後再看其間的關聯或異同，也就是在單一命題上作比較，來呈現《象傳》思想的傾向，以下也依本文論述的命題順序先分別作小結，而後再就上表作縱式的總結性論說，也就是從這十三個命題中凝煉出各家的中心思想，再作比較，如此則更能確定《象傳》的思想內容。

一、橫　觀

　　1、萬物生成的宇宙觀：《象傳》認爲萬物的生成是由「乾元」與「坤元」的陰陽二氣所交感生發出來的。其中「乾元」和「坤元」具有根源義、生成性、普遍性、超越性及內在性。老、莊和《黃帝四經》的「道」，同樣具有以上的特性。然而，在根源上，老、莊則認爲萬物生成的根源是「道」，是一元論，《四經》則以氣解道，而氣又分爲陰陽，是由一元論到二元論的過渡過程，而《象傳》主「乾元」和「坤元」作用的二元論；在根源的特性上，老、莊所說的「道」則是一實有的存在，《四經》的氣，則是界於實有與抽象之間，《象傳》所指稱的「乾元」和「坤元」中之「元」，則是一種抽象的表徵；在萬物創生的方式上，老、莊則認爲天地與萬物一樣，都是直接由「道生之，德畜之，物形之，勢成之」，《四經》認爲恆定一氣化爲陰陽，由陰陽化生萬物，《象傳》則認爲萬物是透過天地、陰陽而生成。

　　2、天地運行的宇宙規律：《象傳》與老、莊、《黃帝四經》都認爲天地間的運行有一定的客觀規律，這個規律主要的特色是盈虛消長，不斷地循環，《象傳》稱爲「天行」，老子稱之爲「周行」，而莊子則說物與物之間存在著不斷輪轉的現象。《象傳》與《四經》、莊子都認爲天地間的運行是透過陰陽交感的流行所生發出來的，在陰與陽之間存在著相互消長的現象，而且天地間的

運行都是一種終始循環的變化。

　　《象傳》用天地間運行的規律作為進退行止的依據，老子強調天地間運行的規律，也必須依循於道。如若違反了這個道，則「天地尚不能久，而況於人乎？」《四經》認為人必須遵循天道運行之規律，莊子所重則是在人「真實之生命」。而《象傳》之中心思想則是在人的行事上，他認為人的行事應以自然界運行的規律為藉鑒，其「推天道」，是為了「明人事」。

　　3、在人性論方面：《象傳》主性善論，此中的「善」，其來源是天道，是從天道而言性善。郭店儒簡的性命說，是自然的生命，其來源是天；莊子的性命論是持人的性命之本源是來自於道的流行變化。就根源處說，《象傳》基本上是受到郭店儒簡和莊子的影響。而其性善論，應是受孟子的影響，並對其根源作了修正，改從天道而論。這樣的修正，正好是從孔子一路自天層層下貫到人心，再由人心往上根源於天道，是向下落實與往上提昇的一個完整往返的過程。

　　4、在人倫思想方面：孔子重在君臣、父子，雖然強調各正其位，但是其間重在臣對君、子對父的德性，有著濃厚的上下尊卑觀念。孟子雖然另外又提出夫婦和朋友，但是，所重仍然在政治上，所以，也是重在君臣之上。在君臣的關係上，孟子已經注意到其間的相對平等性。郭店儒簡則把「天常／人倫」結合在一起，它認為人倫正是天道的顯現，其論夫婦、父子、君臣六位之間，並不強調上下尊卑等級觀念，而認為應謙卑處下。《象傳》把人倫關係重心建立到夫婦上，這之中沒有尊卑的思想，而是以陰陽、剛柔為主要觀念，《象傳》的這些觀點應是受到郭店儒簡的影響。

　　5、在義利問題上：孔子的義，是以周文的禮樂制度之道為標準。而利須以義為前提，若是合乎義，則利當取；不合乎義，則當捨棄。孟子義的標準，與其性善論一樣，是落在人心上說。他主張君臣、父子、兄弟之間，應該要「去利懷義」。這裡是站在全天下的高度看道德的標準。義與利，在這裡是絕對的對立義。郭店儒簡以自然的人性為標準，而自然的人性則是來自天道，義與利在這裡並沒有對立義。《象傳》所說的「義」者，其行為的依據在於天道的規律。至於利，《象傳》也是就天道運行的規律作為其行為的準據。它所說的「利」，事實上就是「宜」，也就是一般所說的「義」。義利在這裡沒有對立義，它的根據都是天道。

　　6、意志自由問題：儒學之所以異於周文制度，在於孔子把禮樂制度收歸

於仁的精神。禮樂制度是外在制度的規範，而仁則是內在於人心的自覺，人可以自作主宰，也就是意志的自由。孟子從「乍見」之情況下，人心的本體乍然呈現，其道德判斷及行為的標準，全在於此人心的發用，這裡也是表現出人的自由意志。而《象傳》則是從『順時而行』說明天地與人文的對應關係，其意志標準在於天道的規律，而不在於人自身。

7、天人關係：孔子對於「天」的看法，是指能主宰人間禍福、至上的人格神。因此，對於「天」，採一種敬、畏的態度。所以，在天人關係中，採取「以人敬天」和「遠天近人」的態度。孟子則是用民心的向背解釋天的意示，或是用人心隱微之善以言天命之性，是採「以人言天」的態度，這裡的「天」，是虛懸的人格神，只是一種表徵而已。郭店儒簡認為「命自天降」，「天之大常」亦是透過「人倫」而落實，這裡的天屬於形上之天。在天人之間，儒簡認為人應體現天，遵循天之規律。而《象傳》中的「天」，主要有二種涵義：一是無意志的自然的天，它既不會降吉凶禍福於人，也沒有絲毫主宰人間的意思；一是形上的天，是一種運行、變化的規律。在「天人關係」上，認為人的行為，應遵循天地間這種運行、變化的規律，也就是應「以人循天」。

8、道德修養與理想人格：孔子的理想人格是「博施於民而能濟眾」的聖人，是安天下百姓的聖王，孟子的聖人則轉為道德修養上之境界。孔子的道德修養注重學思並重，而具體落實在行為實踐上；孟子則從孔子的反思上著眼，專從心之存養上說，道德本源在心。《象傳》的理想人格也是聖人，然而其聖人之道並不是修己以安天下，也不強調其個人修養的境界，而是順著天道運行的規律而自然地化成天下，其道德本源在天道。

9、正位思想：孔子所說的「君君、臣臣、父父、子子」的「正名」思想，是建立在周文「親親」和「尊尊」之上。《四經》的等級名分理論是建立在天地恆常的理論基礎上。《象傳》的「正位」說，是指陰陽在天地運行中恰如其分或是不當的呈顯，是基於天地陰陽的流行規律。而流行是動態的，有其發展性，是一種盈虛消長的循環現象。《象傳》認為一個君子立身行事應該要依據天道運行的規律。比之於一國的政事，自然也應「順乎天」，則自然「應乎人」，這裡所說的是客觀的規律，是一種「必然性」。只要是論「必然」，就不是屬於道德判斷，自然也就不是儒家的思想。因為儒家強調的是道德性，而道德是屬於「應然性」。

10、尚賢思想：《象傳》的尚賢是從爻與爻的陰陽比應乘承配合著特定的

「時」而論，並無普遍義，純粹是推天道的運行以明人世施政的得宜。這個「時」，也就是在天地運行中的一個時節，所以《象傳》常說：「與時偕行」。而孔子的「舉賢才」則是站在為政者的立場，有其普遍義。

11、重民思想：《四經》把民心與天地並列，把愛民說成是「與天同道」，它提出的「男農女工」是建立在「天地恆常」的基礎上說。《象傳》所論之「養民」、「說民」說，都是依循著天道運行的規律，施之於政事上所自然形成的結果。其所謂「養萬民」，是如天地般「應其時而養之」；所謂「民樂無疆」，是建立在當益則益、當損則損、「與時偕行」的思想基礎上；所謂「說民」，是順乎天地規律而自然應乎人的結果。這些觀點都是從天道的規律以推施政之行宜，不是施政的動機或目的。而孟子的「民本」思想則是建立在其所謂「王道」的基礎上，強調的是天命及政權的轉移完全以民心的向背為依據，所以「重民」是為政者維持政權的施政重心及方式，而後亦可達到其施政的目的。

12、改革思想：孟子認為朝代的更替、政權的移轉有其道德性與合理性，其依據在於民心，「得乎丘民而為天子」。而《象傳》則是用「天地革而四時成」以說明「湯武革命」是「順乎天」，則自然是「應乎人」。這裡認為商之代夏、周之替殷是一種「必然」的規律，不是「應然」的問題，這之中沒有道德判斷，其依據是天地運行的規律。就用詞而論，《象傳》的觀點似乎是承襲孟子的思想而來。然而孟子所說的革命觀點，有著一股強烈的道德判斷，是「應然」的命題，而《象傳》則是論「必然」性。此中《象傳》所重在「天」道運行的規律，而孟子則是重在「人」心的向背。

13、人文化成思想：孔子主張以德化民，以禮治民，反對以刑、政治民，他希望人民「有恥且格」，是由內心的自覺發而為行為的合乎禮儀規範。《四經》則主張「道法結合」和「陰陽刑德」的觀點，它的基礎都是天道的規律。而《象傳》對於人民則說「人文化成」，「人文」是依於「天文」，聖人施政只是順著天地運行的規律，則自能像「百谷草木麗乎土」一般的化成天下。儒家的以禮治國，治國本身是其理論的目的。而《象傳》所謂的「化成」，並沒有它的目的性，它對於天下的人民，並不是站在治理的立場，而是站在天道流行規律的高度，就如天地之間四季自然的輪替，萬物就在四時之中生生不已。

二、縱　觀

1、重視根源義：《象傳》在「性命思想」、「人倫思想」、「義利問題」、「意

志自由問題」、「天人關係」、「道德修養與理想人格」、「正位思想」、「尚賢思想」、「重民思想」、「改革思想」、「人文化成思想」等各方面，所主張的都是站在天道運行規律的高度而論，其依據都在天道。

　　2、強調必然性：如前所論的「正位」、「尚賢」、「重民」、「變革」、「人文化成」等思想都是就天道運行的規律以論人間施政的準則。既然是規律，就是一種「必然性」。只要是論「必然」，就不是儒家的思想。因爲儒家強調的是道德性，道德是屬於「應然性」，之中有著一股強烈的道德判斷。

　　3、依道不依人：對於人事之判斷價值標準不在於人心而是在於道，這是道家最基本的精神。而《象傳》對於人事行爲所依循的準則在於天道，而不在於人心的自覺。人心之自覺正是儒家精神的出發點。

三、結　論

　　《象傳》的倫理思想，不論是就人性的本源問題，或是人倫的關係問題，或是對於道德的評價問題，或是對於道德修養以及其理想人格的詮釋，甚至是對意志的自由問題等種種論點，之所以偏離了儒家，是由於《象傳》對於「天」所持的宇宙論的觀點，形成他的「宇宙倫理模式」，其基本中心點已經違離了儒家以人爲本的人文思想。所以，由此所衍生出來的道德的本原、人性的來源、理想人格、道德境界、天人關係等的種種論點，則一併異於儒學系統。

　　在政治思想方面，《象傳》的論點都是儒家所觀注的重心，然而其所根據的原理——「推天道以明人事」，則純然是道家天道觀的思想，這裡應該是受到稷下黃老學派的影響。在判斷的依據上，《象傳》重在「天」的規律，而儒家則是重在「人」心的向背。因此可以說：《象傳》是以黃老道家的思想去詮釋《易經》及其中所包含的儒家重要思想命題。

　　在形上思想方面，《象傳》與《老子》、《黃帝四經》、《莊子》之間存在著一脈相承的發展趨勢。其中心觀點並無明顯不同，然而其所重卻已漸進轉移。因此可知：《象傳》是以受到老、莊和《四經》觀點的影響，以黃老的觀點去詮釋《周易》經文，又因爲受到詮釋文本的限制，所以才會產生其間之差異。《象傳》因爲融攝、吸納了黃老道家思想，因此將《易》中人格神的天轉化成形上的天，將有意志的旨意轉化成無意志的天道運行的規律，這應是《象傳》在《易》學的提昇上最大的貢獻。

由以上的歸納可知：《彖傳》的思想核心——天地運行的規律，正是稷下黃老的理論依據；《彖傳》以陰陽解《易》，而陰陽理論也正是稷下黃老學派的中心理論——「凡論必以陰陽明大義」。由此二核心，可以推論：《彖傳》的思想淵源主要是稷下黃老學派。

四、餘　論

本文所設定的前提——論文所引的《彖傳》文爲《傳》義而非《經》義。根據以上之結論：《彖傳》的倫理思想是以形上的天道所形成的「宇宙倫理模式」去解釋《經》文，以黃老道家的天道觀去詮釋儒家的政治命題，這種以形上的天道爲核心的思想不能是《易經》的思想，因爲《易經》的中心信仰是「人格神」的「天」、「帝」，這是占筮的基本信仰，如果沒有這個信仰，就沒有占筮的存在，也就沒有《易經》的產生。對於「天」的認知，一般都是由「人格神」的天→自然的天→形上的天，「人格天」是一種信仰，「自然天」是對大自然一種客觀的認知，而「形上天」則已經是從自然天及人間世所累積出來的一種智慧。在信仰之中，「人格天」是居於至高無上的地位，是人間一切吉凶禍福的主宰，在這之中，是不允許以「形上天」去取代祂。在這個中心思想上，《彖傳》與《易經》是絕對對立的，《彖傳》的這種詮釋絕對是不爲《易經》作者所接受的。因此，本文所設定的前提是可以成立的。由是而論，在詮釋經傳之時，只要是《易經》與《彖傳》的核心思想——「人格天」與「形上天」所推衍出來的種種觀點，就必須採取「經傳《彖傳》分觀」的態度，這是本文在主題研究之餘所得到的附加成果。

附表：各章引用《象傳》統計表

	引用《象傳》	合　計
形上思想	1乾、2坤、11泰、12否、18蠱、23剝、31咸、44姤、55豐	9卦
倫理思想	1乾、2坤、3屯、4蒙、5需、6訟、14大有、15謙、16豫、18蠱、20觀、21噬嗑、22賁、23剝、24復、25無妄、26大畜、27頤、28大過、29習坎、30離、31咸、32恒、33遯、36明夷、37家人、38睽、39蹇、40解、41損、42益、43夬、45萃、49革、50鼎、54歸妹、55豐、57巽、58兌、59渙、61中孚、62小過	42卦
政治思想	1乾、14大有、16豫、18蠱、21噬嗑、22賁、26大畜、27頤、30離、31咸、32恒、33遯、37家人、39蹇、41損、42益、49革、54歸妹、58兌、60節、63既濟、64未濟	22卦
合　計	1乾、2坤、3屯、4蒙、5需、6訟、11泰、12否、14大有、15謙、16豫、18蠱、20觀、21噬嗑、22賁、23剝、24復、25無妄、26大畜、27頤、28大過、29習坎、30離、31咸、32恒、33遯、36明夷、37家人、38睽、39蹇、40解、41損、42益、43夬、44姤、45萃、49革、50鼎、54歸妹、55豐、57巽、58兌、59渙、61中孚、62小過、60節、63既濟、64未濟	48卦

參考文獻

一、易學專著

〔唐〕孔穎達，《周易正義》，《十三經注疏》，臺北：藝文印書館，1982 年。

〔宋〕程顥、程頤，《二程集》，臺北：里仁書局，1982 年。

〔宋〕朱熹，《周易本義》，臺北：老古文化事業公司，1981 年。

〔宋〕項安世，《周易玩辭》，《通志堂經解》，臺北：漢京文化事業有限公司。

〔元〕俞琰，《俞氏易集說》，《通志堂經解》，臺北：漢京文化事業有限公司。

〔清〕王夫之，《周易內傳》，《船山易傳》，臺北：夏學社，1980 年。

〔清〕李光地，《周易折中》，四川：巴蜀書社，1998 年。

〔清〕阮元，《周易注疏校勘記》，《十三經注疏》，臺北：藝文印書館，1982。

〔清〕惠棟，《周易述》，《皇清經解》，臺北：漢京文化事業有限公司。

〔清〕阮元，《揅經室集》，《皇清經解》，臺北：漢京文化事業有限公司印行。

朱伯崑，《易學哲學史》，北京：華夏出版社，1995 年。

朱伯崑，《易學漫步》，遼寧：瀋陽出版社，1997 年。

朱伯崑主編，《周易知識通覽》，山東：齊魯書社，1993 年。

李鼎祚集解，李道平纂疏，《周易集解纂疏》，臺北：廣文書局，1979 年。

李鏡池，《周易探源》，北京：中華書局，1991 年。

周振甫，《周易譯注》，北京：中華書局，1999 年。

金景芳、呂紹綱，《周易全解》，吉林：吉林大學出版社，1990 年。

徐志銳，《周易大傳新注》，山東：齊魯書社，1988 年。

高亨，《周易大傳今注》，山東：齊魯書社，1998 年。

高亨，《周易古經今注》，臺北：樂天出版社，1974 年。

高亨,《周易古經通說》,臺北:洪氏出版社,1977 年。

張立文,《周易帛書今注今譯》,臺北:臺灣學生書局,1991 年。

張立文,《周易思想研究》,湖北:湖北人民出版社,1980 年。

張立文,《周易與儒道墨》,臺北:東大圖書股份有限公司,1991 年。

黃沛榮,《周易象象傳義理探微》,臺北:漢京文化事業有限公司,1984 年。

黃壽祺、張善文,《周易譯注》,上海:上海古籍出版社,2000 年。

黃慶萱,《周易讀本》,臺北:三民書局,1980 年。

廖名春,《帛書易傳初探》,臺北:文史哲出版社,1998 年。

劉大均、林忠軍,《周易古經白話解》,山東:山東友誼出版社,1998 年。

戴君仁,《談易》,臺北:臺灣開明書店,1976 年。

戴璉璋,《易傳之形成及其思想》,臺北:文津出版社,1989 年。

二、經　部

〔唐〕孔穎達,《左傳正義》,《十三經注疏》。

〔唐〕孔穎達,《禮記正義》,《十三經注疏》。

〔唐〕賈公彥:《儀禮注疏》,《十三經注疏》。

〔宋〕朱熹,《四書集注》,《四部刊要》,臺北:漢京文化事業有限公司影印,
　　〔宋〕吳志忠刻本,1981 年。

〔清〕焦循,《孟子正義》,臺北:世界書局,1979 年。

屈萬里,《尚書今註今譯》,臺北:臺灣商務印書館,1979 年。

屈萬里,《詩經詮釋》,臺北:聯經出版事業公司,1983 年。

三、史　部

《漢書》,《四部備要》臺北:臺灣中華書局,1965 年。

《資治通鑑》臺北:洪氏出版社,1980 年。

崔適:《史記探源》,《24 史研究資料叢刊》北京:中華書局,1986 年。

四、子　部

〔東漢〕河上公,《老子章句》,臺北:廣文書局,1980 年。

〔宋〕朱熹,《朱子語類》,臺北:漢京文化事業有限公司,1980 年。

〔宋〕林希逸,《莊子口義》,臺北:弘道文化事業有限公司,1972 年。

〔清〕宣穎,《南華經解》,臺北:廣文書局,1978 年。

〔清〕郭慶藩,《莊子集釋》,臺北:木鐸出版社,1982 年。

〔清〕孫詒讓,《墨子閒詁》,臺北:河洛圖書出版社,1980 年。

王邦雄，《老子的哲學》，臺北：東大圖書公司，1980 年。

王德有，《以道觀之——莊子哲學的視角》，北京：人民出版社，1998 年。

牟鐘鑒、胡孚琛、王保玹，《道教通論——兼論道家學說》，山東：齊魯書社，1993 年。

余培林，《老子讀本》，臺北：三民書局，1982 年。

李滌生，《荀子集釋》，臺北：臺灣學生書局，1981 年。

胡自逢，《先秦諸子易說通考》，臺北：文史哲出版社，1980 年。

胡哲敷，《老莊哲學》，臺北：臺灣中華書局，1982 年。

孫中原，《墨學通論》，遼寧：遼寧教育出版社，1995 年。

荊門市博物館，《郭店楚墓竹簡》，北京：文物出版社，1998 年。

袁保新，《老子哲學之詮釋與重建》，臺北：文津出版社，1991 年。

高明，《帛書老子校注》，北京：中華書局，1996 年。

崔大華，《莊學研究》，北京：人民出版社，1997 年。

張起鈞，《智慧的老子》，臺北：新天地書局，1976 年。

張默生，《莊子新釋》，山東：齊魯書社，1993 年。

陳品卿，《莊學新探》，臺北：文史哲出版社，1984 年。

陳鼓應，《老子今注今譯及評介》，臺北：臺灣商務印書館，1981 年。

陳鼓應，《老莊新論》，上海：上海古籍出版社，1997 年。

陳鼓應，《莊子今註今譯》，臺北：臺灣商務印書館，1991 年。

鄒安華，《楚簡與帛書老子》，北京：民族出版社，2000 年。

劉笑敢，《老子——年代新考與思想新詮》，臺北：東大圖書公司，1997 年。

樓宇烈，《老子、周易王弼注校釋》，臺北：華正書局，1981 年。

嚴靈峰，《老子達解》，臺北：華正書局，1982 年。

嚴靈峰，《老莊研究》，臺北：臺灣中華書局，1966 年。

嚴靈峰，《道家四子新編》，臺北：臺灣商務印書館，1977 年。

五、集　部

歐陽修，《歐陽文忠公全集》，《四部備要》，臺北：臺灣中華書局，1965 年。

六、思想專著

任繼愈，《中國哲學發展史·先秦》，北京：人民出版社，1998 年。

任繼愈，《中國哲學發展史·魏晉南北朝》，北京：人民出版社，1998 年。

牟宗三，《中國哲學的特質》，臺北：臺灣學生書局，1980 年。

牟宗三，《智的直覺與中國哲學》，臺北：臺灣商務印書館，1980 年。

牟宗三譯註，《康德的道德哲學》，臺北：學生書局，1982 年。

李澤厚，《中國古代思想史論》，臺北：三民書局，1996 年。

唐君毅，《中國哲學原論·導論篇》，臺北：臺灣學生書局，1980 年。

唐君毅，《哲學概論》，臺北：臺灣學生書局，1982。

徐復觀，《中國人性論史》，臺北：臺灣商務印書館，1979 年。

張豈之，《中國思想史》，臺北：水牛圖書出版事業有限公司，1999 年。

陳俊輝，《新哲學概論》，臺北：水牛出版社，1991 年。

陳鼓應，《易傳與道家思想》，臺北：臺灣商務印書館，1994 年。

馮友蘭，《中國哲學史》，臺北：臺灣商務印書館，1993 年。

鄔昆如，《哲學概論》，臺北：五南圖書出版公司，1988 年。

盧雪崑，《儒家的形上學與道德形上學》，臺北：文津出版社，1991 年。

七、倫理學

朱伯崑，《先秦倫理學概論》，北京：北京大學出版社，1984 年。

朱貽庭主編，《中國傳統倫理思想史》，上海：華東師範大學出版社，1989 年。

沉善洪、王鳳賢，《中國倫理學說史》，杭州：浙江人民出版社，1985 年。

張岱年，《中國倫理思想研究》，上海：上海人民出版社，1989 年。

焦國成，《中國倫理學通論》，山西：山西教育出版社，1997 年。

八、政治學

蕭公權，《中國政治思想史》，臺北：聯經出版社，1982 年。

九、論文集

朱伯崑主編，《國際易學研究》，第 1 輯，北京：華夏出版社，1995 年。

朱伯崑主編，《國際易學研究》，第 5 輯，北京：華夏出版社，1999 年。

林尹等著，《易經論文集》，臺北：黎明文化事業公司，1982 年。

陳鼓應主編，《道家文化研究》，第 17 輯，北京：三聯書店，1999 年。

黃沛榮編，《易學論著選集》，臺北：長安出版社，1988 年。

黃壽祺、張善文編，《周易研究論文集》，第 1 輯，北京：北京師範大學出版社，1988 年。

黃壽祺、張善文編，《周易研究論文集》，第 3 輯，北京：北京師範大學出版社，1990 年。

十、期刊論文

日·戶田豐三郎作，劉文獻譯，〈周易《象》、《繫》二傳的形成〉，《書目季刊》，

第 5 卷，第 4 期，1971 年 6 月。

李漢三，〈周易十翼異時分成考〉，《淡江學報》，第 8 期，1969 年 11 月。

劉昌佳，〈韓愈「孔墨必相用」說之辨析〉，《鵝湖月刊》，第 320 期，2002 年 2 月。

黃慶萱，〈十翼成篇考〉，山東大學 中國周易學會主辦：《周易研究》，1994 年 第 4 期。

十一、學位論文

賴美惠，《象傳時義研究》，高雄：國立中山大學中文所碩士論文，1993。

十二、其　他

〔漢〕《易緯》，《景印文淵閣四庫全書》，臺北：臺灣商務印書館，1986 年。

〔宋〕葉適，《習學記言》，《景印文淵閣四庫全書》，臺北：臺灣商務印書館，1986 年。

〔清〕《四庫全書總目提要》，《景印文淵閣四庫全書》，臺北：臺灣商務印書館，1986 年。

〔清〕段玉裁，《說文解字注》，臺北：漢京文化事業有限公司，1983 年。

〔清〕梁啓超，《清代學術概論》，上海：上海古籍出版社，2000 年。

李孝定編述，《甲骨文字集釋》，臺北：中央研究院歷史語言研究所專刊，1982 年。